外语教师的信息化教学能力提升研究

张莉娟 ◎ 著

中国纺织出版社有限公司

内 容 提 要

数字化技术的发展让教学模式和教学方法发生了巨大的改变，对高校英语教学提出了新的挑战，这就要求高校英语教师转变教学思维，探索适合信息时代的英语教学模式。本书在介绍信息化技术与信息化教学的基础上，结合英语教学理论与实践，阐述了信息化时代高校英语教学中整合信息技术的路径，以及新形势下英语教学的策略，以期提高高校英语教师的信息化教学能力。本书理论结合实践，内容丰富，具有较强的实践性，能够为英语教学提供有益借鉴，适合高校英语教师及高校教务人员阅读。

图书在版编目（CIP）数据

外语教师的信息化教学能力提升研究 / 张莉娟著. -- 北京：中国纺织出版社有限公司，2023.10
ISBN 978-7-5229-1204-2

Ⅰ.①外… Ⅱ.①张… Ⅲ.①外语教学—计算机辅助教学—教学研究 Ⅳ.①H09-39

中国国家版本馆CIP数据核字（2023）第208147号

责任编辑：史 岩 于 泽　责任校对：高 涵　责任印制：储志伟

中国纺织出版社有限公司出版发行
地址：北京市朝阳区百子湾东里A407号楼　邮政编码：100124
销售电话：010—67004422　传真：010—87155801
http://www.c-textilep.com
中国纺织出版社天猫旗舰店
官方微博http://weibo.com/2119887771
北京虎彩文化传播有限公司印刷　各地新华书店经销
2023年10月第1版第1次印刷
开本：710×1000　1/16　印张：14
字数：238千字　定价：99.90元

凡购本书，如有缺页、倒页、脱页，由本社图书营销中心调换

前　言

随着教育信息化的持续推进，信息技术与外语教学的结合越来越紧密。高校外语教师的信息化教学能力已成为近年来外语教学信息化研究的热点话题。由于信息技术的渗透，高校外语教学在学习方式、教学模式、知识建构、资源环境等方面都表现出有别于传统课堂教学的显著特征，这对教师能力提出了新的要求。

高校外语教师信息化教学能力的发展需要高校搭建新型智慧化外语教学环境，推行融合信息技术的外语教学新模式，促使信息技术的使用内化成为教学习惯。同时，高校需要建立教学评价新机制以适应教师角色的转变。各高等学校应充分利用现代信息技术，采用基于计算机和课堂的英语教学模式，改进以教师讲授为主的单一教学模式。新的教学模式应以现代信息技术，特别是网络技术为支撑，使英语的教与学可以在一定程度上不受时间和地点的限制，朝着个性化和学生自主学习的方向发展。现代信息技术与大学英语教学融合发展，教师需要对自己的角色重新进行科学定位，更新教学理念，充实与提高自身的教学能力。在信息化时代背景下，研究大学教师如何提升信息化教学能力，对提高大学英语教学质量具有重要意义。

本书是信息化教学方向的书籍，主要研究外语教师的信息化教学能力。本书从教育信息化与信息化教学基础介绍入手，针对高校英语教学的相关知识、信息化时代高校英语教学的关系与理念进行了分析研究；对信息化时代高校英语教学融合与内容优化、信息化背景下高校英语教学策略与资源建设做了一定的介绍；对高校英语教师的信息化教学能力与可持续发展提出了一些建议，旨在摸索出一条适合现代外语教师信息化教学的科学道路，帮助其在教学中少走弯路，运用科学方法，提高效率。

在写作过程中，笔者参考了大量国内外资料和研究成果，在此谨向所有作者表示衷心的感谢。由于水平有限，书中疏漏之处在所难免，恳请广大读者、同行和专家批评指正。

张莉娟

2023 年 5 月

目 录

第一章
教育信息化与信息化教学
第一节　教育信息化理论 / 2
第二节　信息技术 / 14
第三节　信息化教学 / 32

第二章
高校英语教学的相关知识
第一节　高校英语教学概述 / 42
第二节　高校英语教学的基本理论 / 60

第三章
信息化时代与高校英语教学的关系及高校英语教学的理念
第一节　信息化时代与高校英语教学的关系 / 78
第二节　高校英语信息化教学理念 / 100

第四章
信息化时代高校英语教学与信息技术的融合与内容优化
  第一节 高校英语教学与信息技术深度融合 / 120

  第二节 信息化时代高校英语教学的内容优化 / 139

第五章
信息化背景下高校英语教学策略与资源建设
  第一节 信息化背景下大学英语教学的策略 / 148

  第二节 信息化与大学英语教学资源建设 / 170

第六章
高校英语教师的信息化教学能力与可持续发展
  第一节 高校英语教师的信息化教学能力研究 / 184

  第二节 大学英语教师信息化教学能力可持续发展策略和建议 / 203

第一章
教育信息化与信息化教学

第一节　教育信息化理论

随着信息技术的高速发展，教育界迎来其在技术与策略上的革新。在信息化背景下，教师需要持续地研究和适应最新的技术。只有拥有这种主动探索的精神，才能让教师在此领域保持领先地位。

一、教育信息化的三大核心元素

现今，数字化环境对教育行业的革命性影响不可忽视，它所涉及的技术、资源和执行者三者共同塑造了这一现代化的教学框架。其中，技术成为连接资源与教师的桥梁，而教师则是这桥梁的关键支撑。尽管信息技术层出不穷，各种学习资源呈现出前所未有的多样性和新颖性，但目前普遍的问题是，教师在这方面的素质并不均衡，导致了信息技术设备的使用效率不高，资源的利用率不足，与学科的融合也不够深入。

为了解决上述问题，教师必须转变自己的角色和职责，进一步提升对资源和技术的运用能力。同时，教师也需要更加深入地了解各个学科的特点和需求，确保信息化与学科的融合。

（一）技术

从技术的角度看，目前可供教师使用并引进到教学中的技术相当丰富，如多媒体技术、移动互联网技术、虚拟现实（VR）、人工智能（AI）等。这些技术之间互相支持，相辅相成，并不是孤立存在的。其中，多媒体技术和移动互联网技术应用最为广泛，具体表现就是电子书包、电子白板、精品录播等系列设备的综合运用。

例如，"班班通"设备，该设备是一种教育信息化资源的软硬件环境的统称，旨在提供一个综合工具，使教师能够更好地获取和利用教育资源。这种设备包含了多种信息化技术，并具有以下特点和功能。

第一，调用与利用教育资源。借助该设备，教师能够在课堂上轻松地调用设备内置的教育资源，这些资源包括教学课件、文档、图表等。此外，通过网络连接，教师还能够检索和下载与设备相匹配的云端教育资源，并进行存储、重组和改编等操作。这使得教师能够更加便捷地获取所需的教学素材。

第二，交互式控制环境。通过计算机、网络设备、显示设备组成的交互式控制环境，教师可以根据需要有序地展示教育资源。这种环境提供了灵活的操作方式，使教师能够在无须外置键盘和鼠标的情况下自如地操控设备。教师可以像使用黑板和粉笔一样进行教学，同时还能在屏幕上书写和批注。

（二）资源

在推进教育信息化的过程中，资源的开发与运用扮演着核心的角色。教育信息化资源可以分为三类：多媒体资源、工具软件资源和数据库资源。多媒体资源包括文本、图片、声音、动画和视频等素材，以应用程序、网络课程、CAI课件等形式呈现给教师和学生。工具软件资源则提供一系列程序工具类软件App，用于生成、处理、分析、传递和利用信息资源。而基于信息管理系统的数据库资源则以提供资料查阅和检索服务为主，构建了一套囊括教育者、教育内容、教育对象和教育资源的全面服务体系。

在众多资源的海洋中，挑选出适合的、与教材和学生相匹配的资源成为一项艰巨的任务。这不仅要求有足够多的资源，更需要教师具备高度的协同和选择能力，确保所选资源的正确性和精准性。

（三）人

"人"在推动教育信息化过程中扮演着至关重要的角色。教师在教育信息化应用中起着重要的作用。教师不仅是知识的传授者，更是学生自主学习的引领者和辅导者。这就要求教师必须理解和掌握各种教学设备和软件的使用方法，找到与学科相关的资源，创新性地使用技术和整合资源。为实现上述目标，教师必须具备以下信息化素养。

第一，掌握基本的文本和图片编辑、加工能力，以及动画和音视频的深加工能力。

第二，有针对性地掌握某些技能，如英语教师应熟练掌握音频文件的剪辑技能。

第三，掌握技术和设备的核心价值，即其基本功能。

第四，掌握高级的教学资源检索能力，能够通过网络找到并下载所需的教学资源。

（四）三要素的关系

技术、资源和"人"是相互依赖的三位一体关系，缺一不可。技术的选择应该基于资源的可用性和"人"的技能水平，同时资源的配置应满足技术的需求，而"人"则需要善于利用技术和资源。教师的信息化水平直接决定了信息化教育的融合深度。一个不能熟练掌握技术的教师可能在课堂上手忙脚乱，而缺乏资源则会使教育变得空洞无物。这时，教师和学生之间的沟通不够充分和深入，技术也就成了一个摆设或用来博眼球的工具。

总之，尽管技术和资源有可能放大优秀的教育效果，但它们无法取代传统的教学。只有"人"与技术和资源的完美结合，才能诞生真正智慧的教育。因此，我们必须始终坚持以人为本的教育理念，正确认识和理解教育信息化的三大要素及它们之间的关系与作用，进而发挥教育信息化的最大作用。

二、教育信息化与大学课堂

在全球教育领域，教育信息化的涟漪正在给高校教学模式带来巨变。在这样的大背景下，教育机构需要以学生为核心，积极地构建基于学生自主学习的新型课堂教学模式。借助现代信息技术，我们可以突破地域和时间的限制，实现多元化和互动性更强的教学模式，从而让学生在更宽广的视野中学习和成长。

随着信息技术的不断进步，我们有机会彻底革新当前的教学方式，使其更加丰富和多元化。在这一过程中，教育理念、教学理论和方法、教学模式和教学评估体系将得到全面重塑和提升。现在，我们面临的挑战是如何最大限度地利用新的信息技术，来推动大学课堂教学的全面革新。

（一）为大学课堂教学改革带来机遇与挑战

我国正处于教育改革和发展的关键时期，面临着史无前例的机遇和挑战。推动教育现代化是我国从教育大国向教育强国转变的关键一步，而教育信息化则是实现这一目标的重要手段。从20世纪90年代至今，我们的教育信息基础设施已逐步建立并取得了初步的成效，高等学校也已纷纷构建校园网络，并以多种方式接入互联网，这些都为数字校园的建设奠定了基础。但是，数字校园的建设和完善是一个长期和复杂的过程，涉及多方面的改革和创新。虽然现代化的校园已经给教学和学生生活带来了很多便利，但同时也带来了一系列的挑战。例如，大学课堂纪律和教学质量现在正在受到移动互联网的严重冲击。

在全球范围内，信息化已经引发了教育的深刻变革。大规模在线开放课程（MOOCs）正在全球范围内快速兴起。这种以"慕课"为代表的新教育模式，因其便利性、开放性和高度的自主学习特点，成为一种教育革新的典型代表。

（二）积极推动大学课堂教学改革

在教育信息化的大环境下，高校需要坚定地推动以学生为中心、问题为导向、任务为驱动的课堂教学改革。这种改革可以更好地激发学生的学习兴趣和动力，培养学生的创新能力和解决问题的能力，使他们在面对复杂多变的社会和工作环境时更加具备竞争力。同时，这也需要教师具备相应的教学理念和能力，能够成为学生学习的引导者和合作伙伴，为学生提供丰富的学习资源和支持。

1. 以学生为中心，建立"以学为主"的课堂教学模式

传统的课堂教学往往以教师为中心，虽然有利于教师对教学活动的全面掌控和科学知识的系统传授，但在信息化环境下，这种忽视学生感受的教学模式逐渐显现出它的弊端。在教师层面上，教学观念更新滞后、教学内容与社会发展需求脱节，以及教学技巧和方法的落后问题日益显著。在学生层面，学生的学习动力降低，他们的主动思辨和实践应用能力也相对较弱。因此，教师需要转变这种传统的教学模式，增加教学的吸引力以吸引学生的兴趣。

在以学生为中心的教学模式下，学生成为认知过程的主体，他们通过解决问题来构建知识、理解概念和培养技能。这种教学模式强调学生的主动参与和合作，鼓励他们通过探究和实践来积极构建自己的知识体系。教师在引导学生学习的过程中，会提出具有挑战性和启发性的问题，激发学生的思维潜能，引导他们进行探究和分析。学生需要以探究的态度去发现

问题、收集信息、分析数据，并提出解决方案。在这一过程中，学生将培养批判性思维、创新思维、问题解决能力以及合作与沟通能力。此外，以学生为中心的教学模式借助信息技术和网络教学平台，突破了传统教学的地域限制。学生可以通过互联网获得丰富的学习资源，与教师和同学进行实时的在线交流和合作。这种实时性和互动性增强了学习的灵活性，使学生能够根据自己的需求和兴趣进行自主学习，提高学习效果。这种教学模式适应了信息化时代的要求，可以使学生更好地适应知识经济和社会的发展需求。

2. 共享优质教育资源，扩大课堂容量

优化教育资源共享是提升课堂教学能力的关键一环。在当今网络环境下，知识获取方式经历了巨大的变革，这给传统的知识结构和教学方式提出了新的挑战。如今，网络在知识获取中的重要性更为突出。但是，高校教师面临着自己的知识结构和教学方式慢慢不被学生所接受的困境。一本书、一套讲义，以及几十年来不变的传统讲授方式已经不能满足学生们的需求。在这样的背景下，构建优质的教育资源共享系统就显得十分重要。这不仅是当前全球教育发展的趋势，也是信息化时代高等教育发展的重要选择。但是，优质教育资源的打造并不是简单的信息堆积，网络信息资源并不等于教学资源。

虽然在获取网络资源方面，教师和学生处于平等的地位，但面对海量的信息选择，教师的主导作用显得更为重要。教师应该运用他们的专业知识和经验，筛选真实、相关、有价值的信息，帮助学生节省在这个选择过程中的巨大精力开销。因此，积极推动大学课堂教学改革意味着要改变传统的以教师为主导的课堂教学模式，转向以学生为中心的模式，并将教育资源的优化放在优先位置。这需要我们注重教育模式和技术的更新，同时关注教师对新教育模式的接受和转型，以及他们在新模式下的教学能力和效率。

3.充分利用信息化教育手段，打造跨时空的教学环境

在传统教学中，教室通常是主要的教学场所。但是，在当前的教育形态下，信息技术的广泛应用已经将教室的边界大大延伸。线上教学资源快速增长，为教师和学生提供了更多的学习机会和资源。教师可以运用这些平台，提前提出问题供学生思考，并鼓励他们独立搜集资料并进行小组讨论。通过在线讨论和资源分享，学生们可以扩展自己的知识储备，并且在不受时间和地域限制的情况下进行学习。这种创新的教学方式不仅能够激发学生的学习兴趣，还能提高他们的学习效率。

4.实现课堂理论教学与实践教学的无缝衔接

过去，实践与理论常常是两条平行线，很难真正相互交融。实践教学注重实际操作和经验积累，而理论教学则侧重于知识传授和概念解释。但是，随着网络教育平台的出现，这种情况正在发生改变。现在，学生可以通过在线平台了解现实问题，并将所学理论与实际情境相结合。这种理论与实践的结合将使学生的知识体系更为完整。通过实践活动，学生能够将课堂上学到的理论知识应用于实际情境中，并从中获得实践经验。这不仅有助于巩固学习内容，还能培养学生的法律应用能力和实务处理能力。同时，实践活动中的问题和挑战也能激发学生的创新思维，促使他们提出新的解决方案和观点。为了进一步强化理论与实践的结合，教师可以利用先进的技术手段来提供多样化的实践平台。例如，可以使用虚拟现实技术创建逼真的法庭场景，让学生置身其中，亲身体验出庭的感觉。此外，还可以利用在线合作工具和平台，让学生进行团队合作，共同解决实际问题，培养协作能力和领导能力。

（三）推动传统课堂教学模式向网络化教学模式转型

互联网为学生带来了丰富的资源和多元的互动方式。通过互联网，学生可以轻松地获取各种学习资料，参加在线教育课程，与他人进行交流和合作。这为他们拓展了知识边界和提供了学习机会。但是，随着互联网的普及和智能手机的普遍使用，课堂上出现了一些问题。不可否认的是，手机在课堂上有时成为分心的源头，导致很多学生更愿意沉浸在虚拟世界而不是专注于课堂内容。他们可能花大量时间刷社交媒体、玩游戏或聊天，而忽视了教师的授课和互动。这对学生的学习效果和课堂秩序带来了负面影响，令教师面临新的挑战。因此，许多学校试图通过"手机袋服务"来维护课堂纪律。尽管这种做法确保了课堂的秩序，但它与日益增长的信息化趋势背道而驰。事实上，为了确保教育与时俱进，我们必须对现有的教学方法进行重新评估和改革，推动传统课堂教学模式向网络化教学模式转型：更新观念是前提，教学改革是关键，机制创新是保障。

1.提升高校教师的信息技术水平

教师需要认识到信息化教学并不是简单地将传统课堂模式迁移到网络平台，而是一个涉及课程设计、学生参与、评估机制以及教学资源整合的复杂体系。因此，教师不仅需要熟练运用信息技术，更需要深入理解教育信息化的内涵和外延。这需要高校在教师培训、持续教育以及日常教学活动中都给予教师足够的支持和引导。同时，对于网络教学平台的高效使用，教师也应具备诸如课程管理、学生参与度监控、在线评估等多方面的技能。这不仅能增加网络教学的互动性和实效性，还有助于提升学生的学习体验，从而进一步激发他们的学习热情。更为关键的是，教育行政部门和学校管理层需要明确教师信息技术能力在教师评价和职业发展中的重要性。除了加强在任职资格、聘任机制和教学评价中对信息技术应用的考核之外，还应该提供相应的激励措施，如研究资助、教学奖励等，以鼓励教师积极参与信息化教学活动。

2.扩充网络教学平台的内容与功能

目前，网络教学平台的主要发展方向是精品课程建设，但大多数平台仅提供静态展示。为了构建一个完整的网络教学支持环境，可以将现有的网络教学平台与筛选后的网络教学资源库及其管理系统整合起来。这个整合将使教师能够通过网络教学平台筛选、收集教学素材，并获取、发布教学资源，以便与学生在线信息交流和线上课堂互动。

学生通过网络教学平台可以自行安排学习时间和地点，也能自主获取课堂教学所需的背景资料，并与小组同学进行在线讨论，最后在线提交讨论意见。通过网络教学平台，教师可以结合课程的教学特点制作各类资源，并将它们整合成一个有机联系的系统。教师指导下，学生通过网络教学平台进行自主学习，并根据在线学习情况有针对性地安排面对面的课堂教学，对于重点和难点进行讨论。通过这种教学方式，学生不仅掌握了基本知识，还培养了分析和解决实际问题的能力，极大地增强了自主学习和创造性学习的能力，提高了信息素养。

网络教学平台的整合还可以提供更多的教学资源和支持，如在线测验、作业提交和评估等。学生可以在平台上进行在线测验，及时了解自己的学习进展，并通过作业提交功能提交作业，接受教师的评估和指导。但是，需要注意的是，在推广和使用网络教学平台时，仍然面临着一些挑战。其中一个挑战是确保网络教学平台的稳定性和安全性，以防止学生和教师的个人信息和学术资源外泄。另外，教师需要适应新的教学方式，并掌握相关的技术和教学策略，以便更好地利用网络教学平台进行教学。同时，学校和教育机构需要提供必要的培训和支持，以帮助教师和学生充分利用网络教学平台的潜力。

3. 形成多向互动的课堂交流模式

在传统的教学模式中，教师主导课堂，学生被动地接受知识。但是，随着信息技术的快速发展，传统的教学模式正经历着根本性的变革。现在，网络课堂环境、综合资源数据库、多媒体教材等信息技术提供了新的教育场所。例如专业论坛、QQ、微信和博客等，为教学内容创造了一个参与性的互动空间，成为传统教学工具（纸质教材、黑板等）的必要补充。

网络化教学将教育带入了一个全新的时代。课题探讨、分组互动、资料搜集、寻求指导和定期测评等活动都可以在线上进行。通过网络化教学，教师能够为学生提供丰富的背景知识和辅助资料，而不再受限于传统课堂时间的限制。教师可以在平台上发布课前预习内容，学生可以在课前进行自主学习。课后，教师可以提供进一步的资料和学习任务，学生可以通过平台进行复习和巩固课堂教学内容。多向互动平台延伸了传统课堂的时空，为学生提供了更广阔的学习机会，进而激发学习的主动性。

4. 加大过程评价的比重，提升课堂教学实效

传统的教学评价通常采用结果评价方式，学生的主要关注点往往是期末考试成绩。这种评价方式导致了一种普遍现象，即学生平时不怎么学习，而在考前突击备考。随着网络技术的发展，过程评价逐渐变得更加可行和实用，使教学评价逐渐从关注结果向关注学生日常学习过程转变。

在网络教学环境中，学生的每一个动作和互动都可以被记录和分析。他们的课前准备情况、参与讨论的质量、独立观点的展示及对他人反馈的质量等，都能被明确地呈现出来。这些数据不仅可以反映学生的学习态度和参与程度，还可以用来评价他们的学习效果。教师不再只依赖期末考试成绩来评价学生，而是可以结合学生的日常表现来进行更为全面的评价。

通过网络平台记录和分析学生的学习过程，教师可以了解学生的学习活动和学习方法是否得当，以及他们的学习进展情况。这样的评价方式能够更准确地评价学生的学习成果，而不仅看重一次考试的结果。

三、教育信息化资源发展战略

教育不仅是文化传承的桥梁，更是人类全面发展的基石。在这个信息化日益显著的时代，教育与信息技术的结合已经成为一个不可或缺的方向。这不仅可以提升教育的信息化水平，更可以推动我国现代化教育的全面升级。

（一）我国教育信息化资源建设的特点

教育信息化的建设可以从两个方面来理解：一是把信息教育纳入教学内容，强化课程结构中的信息技术培训，从而提升学生的技能和对现代社会的适应能力；二是将信息技术与日常教育活动结合，确保信息技术在教学中得到充分应用，使教学适应现代社会的发展节奏和不断更新的教育需求。

教育信息化既具有技术性，又兼具教育性。在技术方面，教育信息化应用了资源管理、数据分析和信息共享等现代信息技术手段，实现了智能化和信息化的教育模式。这不仅节省了时间和空间成本，使得教育资源能够得到更为合理的配置，还提供了更多的学习机会和个性化的学习体验。教育信息化的技术性特点为教育的现代化发展提供了有力支持，推动了教育的全面升级和社会的进步。在教育方面，信息技术的引入旨在提高教学效果和文化传播效率，推动各教育机构的共同进步。教育和信息技术的结合，使得各教育机构可以共同推动社会前进，促进更多的合作与发展。

（二）我国教育信息化资源发展战略

第一，提高质量，普及应用。从国际视角看，教育信息化资源的发展已成为不可或缺的组成部分，为中国提供了明确的发展方向：不仅要增加资源的总量，更要注重其内在质量和实用性。发展教育信息化资源的根本目的在于其广泛传播与应用，使每一位学习者都能真正理解、掌握并娴熟使用这类资源。发展教育信息化资源的目标应当是提供丰富且高质量的教育资源，确保所有人都能享有平等的教育机会，而不仅是满足基本的标准。

第二，大力建设和普及信息化平台。尽管传统教学方式仍然是知识和文化传播的重要途径，但其存在固有的局限性，如时间和空间的限制。通过构建和推广信息化平台，我们不仅可以克服这些局限性，而且可以更快地传播知识，更有效地交流信息。

第三，实现资源高度共享，构建科学评价机制。目前，中国的教育信息化资源在共享方面仍面临挑战，尤其是在不同的平台之间。为了解决这一问题，建立一个科学、互联互通的网络体系是必要的，以确保各种教育资源能够有效融合和共享。

通过互联网和信息技术，世界已经成为一个整体，经济和文化交流更加紧密。随着社会的发展，互联网和信息技术将继续发展，并将发挥越来越重要的作用。作为文化传播的一种主要方式，教育一定要与时代同步发展，在教学中融入信息技术，提升现代化教学的质量，从而在新的时代背景下，培养出一批与社会需要相适应的人才。在应用信息技术的同时，要创新教育方法，优化教学资源，使之与信息技术互动，共同发展。

第二节　信息技术

自 20 世纪末期以来，全球逐步步入了以数字化音频、视讯以及互联网为特色的信息化时代。信息技术以其飞速的发展和横跨各领域的广泛应用，为人类社会的进步揭示了崭新的可能性。

一、信息与信息技术

（一）信息

1. 对信息的认识

全社会的资源群中涵盖了物质、能源以及信息三大部分。其中，物质资源最为具象可见，信息资源则相对抽象，能源资源介于二者之间。因此，人类首先认识到物质资源，随后才逐渐理解到能源资源，最后者便是信息资源。

在过去的游牧时期、农业时代和工业时代，信息资源通常以次要的方式存在，并且主要依附于物质资源的控制和开发。但是，随着信息化时代的到来，信息资源的重要性逐渐升至主导地位，对社会经济发展的影响也变得至关重要。信息的内涵是非常丰富和复杂的，因此至今仍然没有一个被广泛接受的准确定义。尽管如此，科学界仍然持续探索对信息的定义：一是信息被看作客观存在的知识更新媒介；二是信息又被认为是一种维系内外部结构、表达并反映其属性和差异的形态和方式；三是信息是通过文字、数据或信号等表现各种客观事物运动变化特性而进行传递和处理的一种元素；四是信息也被认为是事物运动状态和形式的体现。

以上这些关于信息的认识，从各个角度反映了信息的某些属性。但是，随着时间的推移，信息的定义也将随着时代的变迁产生新的含义，也就是说，信息是一个动态变化的概念。本书将信息定义为：对客观世界中事物各种变化和特征的反映，是客观事物间相互作用和联系的表征，是类别事物通过感知或认知之后的再现。

需要明确的是，信息与消息、信号及知识并不完全等同：一是信息是消息的核心，消息是信息的表现，获取信息就意味着获得了消息；二是信号只是信息的载体形式，两者之间存在形式和内容的关系；三是知识是大量数据经过梳理、整理之后形成的有组织的信息，获取信息并不等同于获得知识，因为知识是关于事实和思想的有组织、有系统的陈述。

2. 信息的基本特征

（1）信息是普遍存在的客观要素，体现为事物的某种特征或性质，它作为一种表现和反映浸润在物质与意识的互动之中。

（2）与传统的物质和能源不同，信息在使用过程中并不呈消耗态势。当信息得到有效的应用和传播时，它可以逐渐积累和壮大，就像滚雪球一样。这种独特的"自增值"特性使得信息在现代社会中的价值日益凸显。

（3）信息是可以转换的，其转换主要表现为两个方面：一方面，信息有再生能力，这意味着它是一种永恒不灭的资源；另一方面，信息还可以自然而然地从一种形式转变为另一种或多种形式。这种转换为人类创造了将信息资源转化为物质财富的可能性。例如，在数字时代，人们可以利用计算机和互联网技术将数字信息转换为各种形式的媒体内容，如音乐、电影和游戏。人们还可以将数字信息转换为物理形式，如 3D 打印技术打印出来的产品。

（4）信息具有可储存性。人们可以将信息编码为各种形式，并储存在不同的载体中。这使得信息的积累和扩张成为可能。

（5）信息的能量具有相对性。在信息理论中，信息的能量被定义为对信息进行编码和传输所需的工作量。信息的能量没有一个绝对的、普适的衡量标准。相反，它是相对于所使用的通信信道和编码方案而言的。不同的信道和编码方案可能对相同的信息量需要不同的能量。因此，信息的能量是相对的，它取决于传输的环境和方式。

（6）信息具有失真性。信息在传输过程中存在着失真的风险。失真是指接收端接收到的信息在与发送端相比发生了改变或损坏。失真可以由多种因素导致，如噪声、干扰、传输介质的限制等。在数字通信中，常见的失真类型包括信噪比下降、时钟偏移、符号间串扰等。

（7）信息具有共享性。共享信息的好处在于可以提高信息的传播效率和利用率，促进知识的共同积累和创新。共享信息可以通过多种方式实现。例如，通过互联网和其他网络技术，人们可以在全球范围内实时共享各种形式的信息，包括文本、图像、音频、视频等。此外，数字化技术的发展还使得大规模的信息存储和共享变得更加容易和高效。通过共享信息，人们可以更好地理解彼此的需求和意图，从而更好地协同工作和解决问题。

（二）信息技术的基础理论

1. 信息技术的概念

信息技术，作为现代技术发展的一个重要分支，其定义不仅停留于感测、通信、计算和控制这四个层面。信息技术远非一个简单的概念或工具，而是一个持续发展、与时俱进的领域。但不可否认的是，目前信息技术主要还是围绕在感测、通信、计算和控制这四个层面。

感测技术是信息技术的前哨，为我们捕捉和理解周围环境中的信息。而通信技术则为信息的传递打开了通道，确保信息在多个节点之间高效流动。计算机技术处于核心地位，它处理、分析和存储信息。最后，控制技术使得信息在实际应用中得到合理和高效地利用。但是，四大技术要素之间并非孤立存在，而是相互互动和融合的。计算机技术的兴起为感测、通信和控制技术带来了改进，提高了其自动化和智能化水平。同时，这种相互促进的关系也成了推动信息技术高速发展的动力。不可否认，计算机技术在这一过程中扮演了关键角色。计算机技术不仅是一种工具，更是推动整个信息技术向前发展的动力。实际上，在计算机技术之前，尽管其他技术已经存在，但这些技术的发展速度和水平相对较低。计算机技术的出现使这些技术得到了质的飞跃，它们的功能和服务也变得更加强大和多样。

但是在某些领域，信息技术仍然与人类大脑的能力存在差距，尤其是在复杂的决策、自我学习和模糊逻辑处理等方面。虽然计算机技术在某些领域可能受限，但这并不意味着它无法发展到人类大脑的水平。相反地，正因为对人脑的无限好奇和敬畏，科学家们开始探索如何将人脑的自我学习和适应性融入计算机技术中，推动信息技术的进一步发展。经过多年的研究，现今的智能理论与技术已经取得了显著的成果，为信息技术的智能化打下了坚实的基础。

2. 信息技术的功能

随着现代社会对信息的日益依赖，信息技术的发展和应用逐渐成为当代社会进步的重要指标。其中，计算机网络与通信技术、计算机多媒体技术等都是时代的杰出代表。这些技术的广泛应用不仅改变了我们的学习、工作模式，更深化了人类之间的沟通与互动。为了深入了解这些技术背后的功能特征，下面从两个应用维度进行探析。

（1）计算机网络与通信技术。网络与通信技术已经深刻改变了我们的生活和工作方式。它们提供了便捷的信息传递方式，支持远程协作和分布式处理，促进了全球范围内的资源共享和信息交换。

①资源共享。资源共享可以涵盖硬件、软件和信息资源的共享。通过网络，各种资源可以实现共享，共同发挥作用，优化整体效率。如今，电子公告板、互联网、电子论坛等，都是这一功能的典型例证。

②信息交换。利用计算机网络，世界各地的用户能迅速、准确地交换包括数据、文本、图形、动画、声音和视频在内的各类信息。例如，电子邮件、视频会议都是人们日常交流中频繁使用的工具。

③分布式处理。对于复杂、大规模的任务，我们可以将其拆分，利用网络中的众多计算机进行分布式运算，提升处理速度，同时提高设备的工作效率。

④异步通信和远程传输。计算机网络技术使得如文件传输、电子邮件、远程登录等远程服务成为可能，用户须需同步沟通，也能实现信息的传递和应用。

（2）计算机多媒体技术。计算机多媒体技术可以在组织和呈现方式上改善信息表达。

①多样化地表达信息。多媒体技术的出现和发展使信息可以以文字、图形、图像、声音、动画等多种形态呈现，进一步丰富了信息传递和呈现的方式。通过结合不同的媒体形式，我们可以更好地满足人们多样化的认知需求，提供更具吸引力和丰富的用户体验。

②非线性地组织信息。多媒体技术采用超媒体结构，为信息的组织和呈现带来了非线性特性。超媒体是一种通过链接将各种媒体元素（如文本、图像、音频和视频）相互连接起来形成网络的方式。它通过导航、链接和

帮助等机制，使用户可以在不同的媒体平台之间自由跳转和浏览，从而提供了丰富的关联分析、对比和判断依据。这种非线性的组织和导航方式，使用户能够更全面地获取信息，促进信息的理解和交流，提供更具深度和广度的知识体验。

③交互式地呈现信息。在多媒体系统中，用户界面元素如窗口、菜单、图标等，配合各种输入工具，如鼠标、触摸屏、声音输入等，为用户提供高度交互的信息查询与处理体验。这些输入工具的引入使得用户能够更直观地操作和探索多媒体系统中的信息。用户可以通过点击、滑动、选择、语音等方式与系统互动，更快速地获取所需的信息、处理任务和实现目标。这种交互性的增强使得用户的探索与学习欲望得到满足，提高了信息的掌握和应用的效率。同时，它也促进了用户与多媒体系统之间的互动与沟通，提高了用户体验的质量和深度。

二、信息技术在教育中的应用

（一）信息技术给教育带来的变化

在我们所处的数字化时代，信息技术发展的浪潮如洪流般冲刷着每一片领域，其中教育无疑成为受其影响最为深远的领域之一。这种巨大的影响，既带来了前所未有的机遇，也带来了一系列挑战。

1. 教育信息量激增

当前的信息爆炸，带来了无尽的知识更新。这种海量的、多变的信息如何筛选、分类和传递，成为教育者和学者面临的首要问题。教师不仅需要关心教育内容的丰富性，更要思考如何为学生提供结构化、高价值的学习资源。因此，教师需要不断创新和改进教学方法和手段，以更好地适应信息时代的挑战和机遇。

2.教育信息的更新加快

在如此频繁变革的信息社会中，单纯追求知识的累积显然已经不能满足时代需求。教育应从简单的知识灌输，转向培养学生对信息的筛选、处理和创新能力。这种转变意味着教师需要重新审视教育的核心价值和目的。

3.信息技术已经引起了传统教育的三大基石即阅读、写作和计算的裂变

随着信息技术的进步，传统的阅读、写作和计算已经不再是唯一的学习工具。现在，学生可以通过参与互动式学习，如在线讨论、合作学习和游戏化学习等方式来获取知识。此外，学生还可以借助超文本、多媒体和互联网技术来获取更为丰富和高效的学习体验。例如，通过在线课堂和学习管理平台，学生可以参与在线讨论和评论，以加深对学习内容的理解和记忆。同时，学生还可以利用多媒体内容和互动式学习游戏来激发他们的学习兴趣和动力。

4.信息技术对教育观念的冲击表现为人们对学校概念的改变

信息技术的普及正在重新定义教育的场景。实体学校和传统课堂的边界正在被打破，学习已经逐渐转移至家庭、工作场所乃至任何有网络连接的地方。这种"无界教育"不仅提供了更为灵活的学习模式，同时也为学生和教师提供了更为广阔的互动和交流平台。

5.信息技术使教育教学目标发生变化

在全球化和数字化双重背景下，社会对人才的需求已经发生了变化。未来社会不仅需要知识丰富的人才，更加重视具有创新思维、自主学习和信息处理能力的复合型人才。因为在未来，随着科技的飞速发展，社会对人才的需求也会越来越高。所以，只有具备多方面的能力，才能在未来社会发展中立于不败之地。

6. 信息技术使教学方式、教学方法、学习活动更加灵活多样

在数字化时代，多媒体技术已经为教育提供了前所未有的展示手段。不仅仅是文字，图像、声音、动画、视频等都成为知识传递的载体。这使得教育内容更加丰富，仿真模拟等手段也允许学生进入一个虚拟的学习环境中。在此背景下，传统的面对面教学方式正在逐渐被个性化的学习模式所取代，如在线课程、小组合作学习、远程互动教学等。这标志着教育正从"教师为中心"转变为"学生为中心"。

7. 信息技术将改变教师的角色

在信息时代，知识获取变得更加便捷。这对教师提出了新的要求，他们不再仅仅是知识的传授者，而更多地成为学生学习过程中的指导者和协助者。此外，有一部分教师还可能转向教育软件的开发、管理和维护等领域，进一步丰富其职业角色。

8. 信息社会将改变学生学习活动的性质

当今的学生正在经历一个网络化、个性化的学习时代。联合国教科文组织所强调的 21 世纪教育四大支柱——学会认知、学会做事、学会合作、学会生存，也在这样的背景下得到了新的诠释。网络化学习不仅要求学生持续的学习，更强调其自主性和主观能动性。

9. 社会对人才需求的多元化

随着科技的迅速发展，社会对人才的需求也变得更加多元化。企业和机构所需的技能和知识体系也在不断地更新。为了适应这种变化，人们必须具备强烈的自我学习能力，持续掌握新知识、新技能。这不仅包括信息的获取、分析和运用，更重要的是培养出与时俱进的创新能力和应对各种挑战的能力。在信息社会中，信息技术能力对于人才的重要性不可低估。新型人才必须具备深厚的信息技术能力，以适应和应对迅速发展的科技环

境。这种能力主要包括以下三种。

（1）信息发掘和选择能力。新型人才需要具备有效获取信息的能力。随着互联网和数字化媒体的普及，大量的信息可供人们选择，而准确地找到所需信息并加以评估的能力变得至关重要。

（2）信息的分类和综合能力。人们需要能够将海量的信息加以整理和归类，从中提取出有价值的内容。这涉及信息的筛选、分析和综合能力，使得大量的杂乱数据可以转化为具有有机结构的知识体系。这种能力使人们能够更好地理解复杂的问题和现象，并提出合理的解决方案。

（3）信息的组织、存储、传输和运用的能力。在信息社会中，高效地组织和存储信息至关重要。人们可以利用各种信息管理工具和技术将信息有效地整理和储存起来。同时，对于信息的传输和运用，人们需要掌握各种通信和协作工具，以便与他人进行信息交流和合作，并能够灵活运用信息技术解决实际问题。

（二）信息技术在教育中应用的特点

随着数字化和网络技术的飞速发展，教育领域也正经历着前所未有的变革。这里将从教材多媒化、资源全球化、教学个性化、学习自主化、学习合作化、教学管理自动化和教育环境虚拟化七个方面，详细探讨这一转型的多个层面和内涵。

1. 教材多媒化

现代教材已经不再局限于文字和图片，而是融入了多媒体技术，特别是超媒体技术，为教学提供了更加多元化、互动性更强的展示形式。多媒体教材不仅包括文字和图像，还能呈现声音、动画、录像以及模拟的三维图像。这种形式的转变使教学内容得以以更生动、形象的方式展示，提高了学生的参与度和吸引力。通过使用多媒体教材，学生可以更加生动地了解知识点，而不是简单地阅读文字和看图片。同时，这种多媒体展示方式也可以帮助学生更好地理解复杂的概念和原理，并更好地应用所学知识。因此，多媒体教材已成为当今教育中不可或缺的一部分，它可以帮助学生更好地掌握知识，提高学习效果。

2. 资源全球化

互联网作为一种全球信息通道，极大地推动了教育资源的全球化。各类教育网站、电子书刊、虚拟图书馆和软件库等资源汇聚成一个巨大的信息库，可供全球范围内的教育用户进行共享和交流。建立和发展全球性的教育资源网络需要教育机构、政府、知识界和全社会的共同努力，这是一个共同的任务，旨在为全球教育用户提供丰富、高质量的学习资源，并推动教育的可持续发展。

3. 教学个性化

人工智能技术，特别是智能导师系统，具备根据学生的不同需求和个性特点进行个性化教学的能力。这个性化教学的核心是精准检测学生的认知方式，即对学生的学习偏好、思维方式和知识理解程度进行准确评估。通过智能导师系统的支持，教师可以收集、记录和分析学生在学习过程中的数据，如答题情况、作业表现、交互行为等，从而获得关于学生的深入洞察。这种转变的实现依赖于对学生认知方式的精准检测，而这也成为当代教育研究中一个不可或缺的课题。

4. 学习自主化

随着以学生为主体的教学观念日益深入人心，信息技术在支持自主学习方面的作用变得越来越重要。其中，超文本和超媒体等技术为学生提供了自主探究和学习的便利条件。超文本和超媒体等技术利用链接和多媒体元素的特性，将知识呈现的方式从线性的、有限的形式拓展到了非线性和多维度的形式。学生可以根据自身的学习兴趣和需求，浏览和探索各种链接和内容，从而进行自主学习和深入研究。这种学习方式可以激发学生的学习动力，培养他们的主动学习能力和问题解决能力。

5. 学习合作化

合作学习方式的应用正在逐渐成为现代教育的主流趋势。信息技术在促进合作学习方面发挥了重要作用，包括网上合作学习、小组合作任务和计算机模拟等方式。网上合作学习是一个虚拟的学习空间，学生可以通过网络平台进行协作和交流。他们可以共享学习资源、讨论问题、合作解决难题，并通过在线聊天、协作工具和论坛等形式进行实时互动。这种实时互动和合作促进了学生之间的交流和培养了合作能力。通过使用电子邮件、共享文档、在线协作等工具，学生可以方便地组建小组、共同讨论和完成任务。他们可以共同制订计划、分配任务、协调工作，并相互评价和提供反馈。这样的合作方式能够培养学生的团队合作、沟通和解决问题的能力。此外，计算机模拟技术提供了一个虚拟的学习环境，使学生能够模拟和实践复杂的情境和任务。通过计算机模拟，学生可以进行角色扮演、实验探究和情境解决等活动，与虚拟环境互动并共同解决问题。这种模拟活动鼓励学生参与、合作和反思，促进了他们的主动学习和批判性思维能力的发展。这种合作学习方式培养了学生的团队合作、沟通、解决问题和创新思维能力，使他们更好地适应现代社会中需要团队合作的要求。

6. 教学管理自动化

现代教学管理中，计算机管理教学（CMI）系统具有测试与评分、学习问题诊断和学习任务分配等多重功能。近年来，电子学档作为一种新型的教学管理工具，能够更全面地记录和评价学生的学习过程。因此，教育工作者越来越多地使用 CMI 系统和电子学档来帮助学生更好地学习。同时，这些教育工具也有助于提高教学质量和效率，促进学生的全面发展。

7.教育环境虚拟化

教育环境的虚拟化是电子网络化教育的一大特色，它利用信息技术和网络平台，使教学活动在很大程度上摆脱了时间和空间的限制。这种虚拟化的教育环境主要包括虚拟教室、虚拟实验室、虚拟校园和虚拟社群等多种形式。虚拟教室是一种在线学习平台，学生可以通过互联网参与远程教学活动。在虚拟教室中，学生和教师可以进行实时的互动学习，包括在线讨论、作业提交、测试和考试等。虚拟教室的优势在于它消除了时间和地理位置的限制，学生能够根据自己的节奏安排学习。虚拟实验室是通过计算机模拟技术搭建的实验环境。学生可以在虚拟实验室中进行各种实验操作，并分析实验结果。虚拟实验室提供了安全、经济和可重复的实验环境，使学生能够进行更多的实践探索和学习，尤其是在某些实验难以进行或昂贵的情况下。虚拟校园是一个基于网络的教育平台，模拟了真实校园的各种学习和社交场景。学生可以通过虚拟校园获取课程信息，参加在线讲座和活动，与同学和教师进行交流等。虚拟校园提供了全新的学习和社交体验，让学生能够在网络中感受到学校的氛围和资源。虚拟社群是一个基于互联网的在线社交平台，聚集了共同兴趣和目标的学生和教师。在虚拟社群中，学生和教师可以交流知识，分享资源，参与讨论和协作项目。虚拟社群鼓励学生之间的互动和合作，促进学习社区的建立，拓宽学生的视野和交流圈子。这些虚拟化教育环境的出现和应用，为教育机构提供了更广阔的教学资源和教育机会。

(三) 教育信息化

在 21 世纪，人们置身于一个以知识和信息为基础的经济体系中，这一体系正在逐渐成为全球经济增长的主导力量。信息技术在这一过程中扮演着至关重要的角色，它不仅是知识经济发展的重要支柱，也对国家的综合实力和全球竞争力产生深远影响。在这一背景下，教育成为连接经济、社会和文化多个领域的关键纽带，其地位和作用日益凸显。然而，教育系统面临着前所未有的挑战，这些挑战包括但不限于科技快速发展、人口持续增长带来的教育需求压力，国际竞争加剧以及多样化的社会问题。

1. 教育信息化的定义

教育信息化可以被定义为：在教育主管部门的统筹下，全方位、深层次地利用现代信息技术，促进教育系统的现代化。因此，教育信息化是一条值得推广的教育改革路径，值得政府和教育机构进一步加强合作，共同推动教育现代化的进程。

信息技术不仅作为一种教学工具被广泛应用，在课程设计和教学方法上也与各个学科进行了有机的整合。这种整合不仅改变了传统的教学模式，而且引领了新的教育目标、方法和评价体系的形成。

2. 教育信息化的特征

从技术角度来看，教育信息化具有数字化、网络化、智能化和多媒体等特性。这些特性简化了设备需求，提高了系统性能，实现了标准的统一。此外，教育信息化不仅推动了信息资源的共享，还扩大了教育活动的时间和空间范围，促进了多方合作和交流。从教育角度来看，信息化教育特点体现为开放性、共享性、交互性和协作性。这些特点突破了传统教育方式的局限性，促进了教育的社会化、终身化和自主化。

因此，教育信息化不仅是一种技术革新，更是一场深刻的教育变革，它关乎未来的教育质量、效率和公平性。在全球化和信息化日益加速的今天，我们必须全面审视和积极应对教育信息化所带来的各种可能性和挑战，以确保教育系统能够适应不断变化的外部环境，更好地适应经济社会的全面发展。

3. 教育信息化的要素

信息化不局限于某个行业或领域，它涉及的是对信息获取、传播、处理和应用的全过程。信息化的含义主要可以从四个方面解读：一是信息认知：对信息的深度认识和理解。在信息化中，信息被看作系统的基石，是构建整个系统的核心资源。这意味着人们要意识到信息的重要性，并学会认识、分析和评估信息的价值，以便更好地应用信息资源。二是信息技术应用。信息化要求人们广泛采用各种信息技术，以最大化信息资源的利用效率。信息技术工具和系统包括计算机、软件、网络、数据库等。通过这些工具，人们可以更高效地传递和处理信息，提高工作效率和创新能力。三是信息网络化即现代社会中建立起的网络系统。网络作为传递信息的桥梁，连接各个信息节点，为信息的流动提供便捷的通道。网络不仅限于互联网，还包括组织内部的局域网和企业间的专用网络。信息网络化为信息的快速传播和共享创造了便利条件。四是信息化的社会影响。信息化进程不是孤立的，它受到多种因素的影响和制约。人们的观念、技能和社会组织等方面都会对信息化产生影响。为了支持和保障信息化进程，我们需要建立相应的机制，包括培养适应信息化的人才，制定相关政策和规划，建立信息安全保护措施等。

随着信息技术的飞速发展，信息化已经成为各国竞争的重要手段。按照统一的规划，信息化在农业、工业、科技、国防以及社会生活的各个领域都得到了广泛的应用，从而加快了国家信息化体系建立的步伐。这套信息化体系包含六大要素：信息资源、信息网络、信息技术应用、信息技术产业、信息化人才以及信息化的标准、政策、法规。这六大要素互相关联，共同构建了一套完备的信息化框架。特别是在特定行业中，信息网络构建了基础，信息资源成为核心，技术应用带来了行业的目标与方向，而人才、产业和政策等为信息化的持续发展提供了必要的保障。

4. 教育信息化的目的

教育信息化的目的并非简单的技术革新或应用，而是致力于实现全面的教育现代化，可以概括为以下四个方面。

（1）促进信息技术在教育领域的广泛应用。教育信息化致力于将信息技术与传统教育手段相结合，旨在拓展教育资源，优化教育方法，并提升教育成果的质量和效率。技术并不是教育的替代品，而是提供了一个新的视角和工具，助力传统教育实现转型和升级。

（2）推动教育改革和发展。信息技术的渗透并非孤立存在，而是与社会经济发展紧密相连。随着信息技术的迅速发展和普及，我们进入了一个数字化时代，信息技术已经成为社会发展的重要组成部分。这种渗透为教育领域带来了变革的动力，促使教育实践者更新观念，深化教育内容和教学方法的改革。

（3）培养适应信息社会要求的创新人才。信息时代对人才的需求远远超出了增长的数量。更为重要的是，未来人才需要具备更加全面和深厚的知识基础与技能。他们不仅需要掌握信息技术，更需要具备持续学习、团队合作、创新思维。他们能够适应变化，具备强大的信息处理和分析能力，为社会带来持续的创新和价值。

（4）促进教育现代化。为了实现教育的全面现代化，教育信息化扮演着关键角色。教育现代化并不仅仅是技术的应用，更多的是理念、方法和体系的全面更新。当今世界各国都在努力以信息化推进其教育体系的现代化，从而促进整个社会的进步与发展。在这个进程中，现代教育技术不仅是教育改革的重要工具,更是教育走向现代化的必要工具。

5. 教育信息化的层次

在当代社会,信息技术的飞速发展极大地影响了教育领域,推动了教育信息化向更为深入和广泛的方向发展。针对教育信息化的多维度和层次性,我们可以从应用领域、发展过程和信息化内容三方面进行梳理。

(1)从应用场景的角度来看,教育信息化可以细分为三大类:学校教育信息化、家庭教育信息化以及社会教育信息化。学校教育通常是首先实施信息化的领域,随后逐渐扩展到家庭和社会。这种层次化的发展不仅反映了信息技术在不同教育环境中的逐步推广,还揭示了其在整个教育生态中的渗透和影响。

(2)从发展维度分析,教育信息化的进程可归结为三个阶段:教育媒体信息化、教育产业信息化和教育行业信息化。教育媒体信息化阶段主要体现在教育媒体产品的逐渐"信息化",即从原有的物质载体向数字、网络载体的转变。接下来是教育产业信息化,这一阶段中,教育媒体产业链得以构建,各种先进的信息技术被广泛应用。

(3)从内容方面来看,教育信息化主要分为三个层次:教育设施信息化、教育资源信息化和教育管理信息化。其中,教育设施是信息化的基础,涉及硬件、软件和网络等基础设施的建设与应用。教育资源信息化是核心,包括课程、教材、教学方法等教育内容的数字化和网络化。而教育管理信息化则是整个教育信息化体系的保障。它主要通过数据分析和智能算法,实现教育活动和资源的优化配置。

6. 教育信息化是一个社会过程

教育信息化是一种典型的社会变迁过程,主要表现为教育领域深度运用现代信息技术促进教育改革和发展,其最终目标是形成一种全新的、适应现代社会需求的教育模式——信息化教育。但是，教育信息化并非简单地引入新技术、更换工具，而是涉及复杂的社会、人文、技术等多维度的交互与整合。

虽然信息化教育描绘了未来教育的美好蓝图，但我们必须清楚地认识到，教育信息化是一种复杂的社会适应过程，其本质揭示了技术与教育实践的紧密关系。在这个过程中，信息技术的引入并不能自动产生教育的质变，正如一把斧头并不会自行砍树，而是需要有人挥动。换言之，技术是中立的，其在教育中的实际效果大部分取决于教师如何运用它。这就进一步对教师提出了要求：光靠更换设施和工具并不能实现真正的教育信息化，必须伴随着教育思想、教学方法乃至教学模式的全面改革。在传统的教育模式中，教师是知识的主要传授者，而学生则大多扮演被动接受知识的角色。然而，在信息化教育中，教师的角色需要转变为学生学习活动的指导者和助手。知识的产生更多地来自学生的主动探索和个性化建构。这种新的教育理念和教学模式与信息技术的特性相符，并将极大地推动教育信息化的迈进。

但是，变革往往需要付出一定的代价。教育信息化的实现不会一蹴而就，而是一个漫长的、可能充满艰难挑战的过程。所以，面对教育信息化建设过程中的问题，如部分教师负担增加、技术应用与教育目标之间的矛盾等，我们要明白这些困难是必要的"成长痛"，并且始终坚持正确的方向不改变。教育信息化的推进是为了满足新时代背景下对教育提出的更高要求，而不仅是为了应对某些局部、短期的需求变化。未来，教育信息化将以其强大的生命力和影响力，为教育事业的快速发展提供强大的动力，推动教育走向新的高度。

7. 教育信息化是实现教育现代化的必经之路

教育信息化对于实现教育现代化有着重要的作用,表现在以下三个方面。

(1) 加速知识更新:传统的纸质教材在编写、印刷和分发上存在一定的时间滞后,导致其中的知识内容可能已经过时。教育信息化通过互联网和数字化技术,使得教材内容可以更快地更新和传播。教师可以通过在线平台获取最新的教学资源,及时更新课程内容,确保学生接触到最新的知识和信息,以适应社会的快速变化。

(2) 培养高级思维能力:教育信息化为学生提供了广泛的学习资源和多样化的学习方式。在线学习平台提供了丰富的数字化学习媒介,包括视频、互动课件、模拟实验等。学生可以根据自己的兴趣和学习进度选择适合的学习资源,进行个性化学习。此外,一些在线学习平台还提供了社交互动功能,学生可以与教师和同学进行在线交流和讨论,培养批判性和创造性思维。

(3) 突破时空限制:传统教育模式通常需要学生在特定的时间和地点上课,这对于一些地区和学生来说可能存在困难。教育信息化通过在线教育平台和远程教育技术打破了时间和地域限制,学生能够随时随地通过网络接受教育,同时偏远地区的学生也获得了平等的教育机会。

第三节 信息化教学

一、信息化教学的含义

在当代教育环境中,信息化教学是一个日益受到关注的话题,但仍然缺乏一个确切且权威的定义,以下为该领域的主要说法。

第一,信息化教学是一种基于信息技术支持的现代教学形态。这种教学方法以现代信息技术为支柱,但仅此还远远不够。在其背后,更重要的是现代教育理念的引领以及与之相适应的教学策略的应用。信息化教学不仅是技术工具的应用,它在更深的层次上体现了对教育方法和理念的重塑。

第二,它在教育观念、教育资源、教学模式、技术评估和管理等方面实现了革新,为学生提供更具个性化和互动性的学习环境,并推动了教育的创新和进步。其中,信息网络构成了基石,信息资源则是核心,而信息技术的应用与信息资源的利用成为信息化教学的双重工具。更为关键的是,这种教学方法致力于培养能够适应现代社会需求的信息化人才。与此同时,现代信息技术产业、信息政策、相关标准则为信息化教学提供了坚实的后盾。

第三,信息化教学是信息化教育领域中最为核心的部分。信息化教学以现代信息技术为特征,尤其是计算机技术的应用,拓展了传统教学的边界,并且提供了更多的教学资源和灵活性。但是,这并不代表教学中会过于依赖技术，或者认为技术是教育的全部。相反，信息化教学强调的是利用技术优势为教育服务，为学生创造一个"以人为本""注重学生全面发展"及"适应信息社会"的学习环境。这样，信息化教学的应用不仅提高了教学效率，还为学生提供了更丰富、更深入和更个性化的学习体验。

二、信息化教学的特点

信息化教学为现代教育体系注入了新的活力。相较于传统教学方法，它在教学和技术的层面都具有自己的特点。

（一）在教学层面上

1. 教学理念的革新化

与传统教学理念相比，信息化教学理念主要表现为"三个转移"。

第一，教师角色的转移。传统教学中，教师通常扮演着知识的传授者和权威者的角色。而在信息化教学中，教师更多地扮演着导师和指导者的角色。教师通过利用信息技术为学生提供学习资源和教学指导，激发学生的学习兴趣和自主性。教师注重引导、激励和个性化指导，培养学生的自主学习能力和创造性思维。

第二，学生学习方式的转移。传统教学中，学生主要是被动接受知识的接受者，而信息化教学强调学生的主动参与和自主学习。学生通过互联网和计算机工具获取信息、掌握知识，并通过在线资源和学习平台进行交流和合作。信息化教学鼓励学生发展探究精神、批判思维和协作能力，培养学生的自主学习和解决问题的能力。

第三，教学重点的转移。传统教学注重对知识的传授和记忆，而信息化教学注重培养学生的学习能力和终身学习的习惯。信息化教学强调学习过程的重要性，注重学习策略、解决问题的方法和学习动机的培养。它关注学生的思维能力、创造力、批判性思维和解决实际问题的能力。

2. 教学主体的广义化

在信息化教学中，教师和学生的定义已经超越了传统的界限。现在的"教师"不仅包括传统的教育者，还包括电子和虚拟的教学资源，如电子教材和在线教学平台。同样，学生也不再局限于特定的班级或学科，而是包括了广大的、跨领域的学习者。

3. 信息表征的多元化

多媒体技术在教育领域的应用，正逐渐改变着传统的教学方式。在课堂上，老师可以使用多媒体技术来演示复杂的概念和知识点，将抽象的概念具象化，便于学生更好地理解和掌握。同时，多媒体技术还能够为学生提供形式丰富的学习素材和资源，如视频、音频、图片等，让学生能够更加深刻地感受到知识的魅力。此外，多媒体技术还能够满足不同学习风格的学生的需求。例如，视觉型学生可以通过图像和动画来更好地理解知识，听觉型学生可以通过语音和音频来得到更好的学习体验，而操作型学生则可以通过互动式游戏和实验来更好地掌握知识点。

4. 教学资源的共享化

随着国际互联网的全球化扩展，教育与教学资源已构建成一个浩瀚的数据库，向全球用户提供共享资料。数字化图书馆、网络教育网站、虚拟软件库与电子期刊，都为基于资源的学习和社交化学习提供了坚实的平台。网络还汇集了全球教育家、科研人员和艺术家的集体智慧，为人类创建了一个交互式的思维仓库，它超越了单一个体的智慧。这种资源共享的方式，使得教育资源能够更好地服务全球学生，为他们提供更广泛、更丰富的学习资源。但是，这种数字化学习的趋势也带来了新的挑战。例如，如何保护学生的隐私和信息安全等。

5. 教学目标的价值化

教学目标的核心已从简单的知识传授转向更为广泛的价值取向。信息化教育不仅关注传统的知识和技能，还强调全人教育，创新能力的培养和信息化能力的提高。因此，教师需要重新审视教育目标，将更多的注意力放在培养学生的价值观、思维能力和创造力上，帮助学生更好地应对未来的挑战和机遇。同时，教师也需要更加注重对学生信息化能力的培养，使学生能够更好地利用现代科技，提高学习效率和质量。在这个新的教育时代，教师的角色也在不断地改变和演变，他们需要不断学习和更新自己的知识和技能，以更好地适应未来的教育发展趋势。

6. 教学过程的个性化

通过信息化教学，学生可以根据自己的学习节奏和习惯来完成学习任务。例如，学生可以使用智能学习系统来获取个性化的学习资源，并根据自己的兴趣和需求选择学习内容。此外，人工智能还可以通过分析学生的学习数据，提供实时的反馈和建议，帮助学生更好地理解和掌握学习内容。因此，信息化教学和人工智能技术的结合，为学生的个性化学习方式和创新能力的培养提供了全新的机遇和挑战。

7. 教学策略的灵活化

信息技术的发展为教学策略提供了新的、灵活的路径。在这个新的教育环境中，自主学习、探索性学习和基于问题的学习等多种方式已经成为主流。这些教学策略不再以传统的课堂中心模式为基础，而是更加注重学生的主动性和创造力。教师的角色也从单纯的知识传授者转变为学习的指导者、合作者和顾问。在这样的教育环境中，学生可以通过互联网获取更多的信息和资源，从而更好地理解和应用所学知识，也可以通过在线交流和合作，与其他学生和教师建立联系和互动。

8. 教学评价的过程化

与以往以成绩为主的评价方法相比,现代教育评价更注重学习过程的评估。这种评价方法旨在更加科学、人性化地评价学生的综合表现,确保教育的价值最大化。通过对学生学习过程的评估,现代教育评价方法可以更加全面地了解学生的学习状况,帮助教师更好地调整教学策略,提高教学质量。同时,现代教育评价方法还可以促进学生的自我评价和形成性评价,鼓励学生积极参与学习,提高学习效果。现代信息化教学评价方法的出现,为教育的发展和进步提供了新的思路和方法,有助于实现教育的最大价值。

(二)在技术层面上

1. 教学材料的多媒化

随着科技的飞速发展,教育也开始向数字化方向转型。数字化教学资源的多样化和形象化为课程带来了更好地激发学生学习兴趣和帮助学生掌握知识的机会。它丰富了教学内容,提供了更丰富、更生动的学习体验,并促进了学生之间和学生与教师之间的互动和合作。比如,多媒体课程和超媒体课程能够通过动态的视频、音频和图像等形式,让学生更加直观地理解知识点。而智能教学系统和教学工具则能够根据学生的学习情况,提供个性化的学习路径和课程内容,帮助学生更好地掌握知识。这些数字化教学资源的出现,为学生提供了更加丰富、形象的学习方式,也让学习变得更加有趣、高效。

2. 教学手段的现代化

现代信息技术的广泛应用给传统教学方法带来了巨大的变革。传统的教学工具如教科书、粉笔和黑板逐渐被多媒体技术、网络技术和人工智能所取代,这确实优化了教学效果并提高了教学效率。教师们可以利用多媒体技术和网络技术创建各种丰富多彩的课件，使得学生们在课堂上可以学习生动形象的知识。同时，人工智能技术的应用也让教育更加个性化和高效。教师可以根据学生的不同需求和水平，为他们量身制订教学计划，提高教学的针对性和效果。现代信息技术的应用不仅改变了教学的方式，也优化了教学效果，让学生能够更加轻松地学习知识，更好地实现自己的梦想。

3. 教学系统的智能化

智能化的教学系统在教育领域的应用为教学带来了许多优势。通过个性化学习、自主学习与合作学习、智能化评估和反馈，以及智能化辅助教学，智能化教学系统提供了更为流畅、自然和个性化的学习体验。这有助于学生更高效地学习，教师更好地指导和辅助学生。随着人工智能技术的不断发展，智能化教学系统将进一步推动教育的创新和发展。

4. 教学媒体的数字化

数字化教学媒介已经成为现代教育的重要组成部分。通过数字化教学媒介，学生们可以更加直观地学习知识，提高学习兴趣和效果。数字化教学媒介包括多媒体教室、电子白板、智能教辅、虚拟实验室等，这些设备可以帮助教师更好地展示知识要点，提供形式更多样化的教学内容。同时，数字化教学媒介还可以让学生更加自主地学习，提高学习效率和灵活性。数字化教学媒介的发展为教育带来了更多可能性和更广阔的发展空间。

5. 信息传输的网络化

对于教育信息的传输来说，网络化的发展带来的好处更是显而易见。通过网络传输，教育信息可以快速地传递给需要的人，无论他们身在何处。同时，这种技术还提高了教育资源的共享效率，使得更多的人能够受益于优质的教育资源。这样一来，终身学习和数字化学习就有了坚实的基础。

可以预见，随着技术的不断进步和应用的不断深入，教育信息的网络传输将会变得更加智能、便捷和高效。

6. 教学环境的虚拟化

信息化教学的一大优势是，它摆脱了物理空间的限制，引入了如虚拟教室、虚拟实验室和虚拟图书馆等工具，从而突破了地理、文化和年龄的界限，为全民教育和终身教育提供了必要的环境。虚拟化的教学环境可以使学生获得更加真实的学习体验。比如，在虚拟实验室中，学生可以通过虚拟的设备进行实验，获得与实际实验相似的结果。这样的学习方式可以提高学生的实验技能，也可以降低实验成本和风险。此外，虚拟化的教学环境还可以提高学生的学习效率。虚拟教室和虚拟图书馆可以提供丰富的学习资源，学生可以根据自己的需求和兴趣进行选择。这种个性化的学习方式可以提高学生的学习兴趣和参与度，从而提高学习效率。

7. 教学管理的自动化

现代教育机构利用信息技术支持的自动化教学管理系统，实现了从在线招生到毕业后的就业信息的全面自动化。一方面，自动化教学管理系统可以帮助教师更好地组织课程和教学内容。通过系统自动化，教师可以更加专注于教学本身，而不是烦琐的教学管理工作。同时，自动化教学管理系统还可以根据学生的学习情况和需求，自动调整教学内容和难度，提高教学效果。另一方面，自动化教学管理系统还可以帮助学校更好地管理学生信息和学籍档案。通过系统自动化，学校可以更加方便地记录学生的学习表现，及时发现学生的问题和需求，及时给予帮助和支持。同时，自动化教学管理系统还可以帮助学校更好地管理学生的毕业和就业信息，为学生提供更多的就业机会。

三、信息化教学有效性的实践理念与途径

要实现信息化教学的实效性，需要教育工作者在教学实践中进行灵活运用信息化教学工具，并不断进行反思和改进。基于这样的理论考量与实践的反思，我们可以归纳出以下三点关于信息化教学的核心理念和方法。

（一）生态的信息化教学观

信息化教学的实践，因其理论根基、涉及的因素以及实际环境，注定是一个错综复杂的过程。为了确保教学实践的有效性，教师必须对所有潜在的限制性因素进行全面的评估。生态的信息化教学观强调整体性、互联性和信息化教学实践的复杂性，要求我们在看待信息化教学有效性时，不能忽略任何一个环节或打破其中的固有联系。过去，人们在进行信息化教学实践时，常常具有单向性和单一性的思维。例如，只注重技术应用而忽略了人的因素，或只看重学生的进步而忽略了教师的心理需求。这种片面的实践思维方式往往会带来种种困境。但是，作为一个以人的全面发展为目标的教育实践，信息化教学的复杂性和多元性是不容忽视的。因此，从生态的视角来看待和引导信息化教学的有效性显得至关重要。生态的信息化教学观主张系统性、动态性和和谐共生。这种观点和方法论为信息化教学提供了一个合适的指导原则，促使教师追求一个全面、和谐和可持续的发展路径，从而确保信息化教学的健康、有序发展。

（二）学教并重的交互主体性教学模式

在这个快速发展的时代，我们需要不断创新，以更加灵活、富有创造力的方式，来引导学生实现其潜能最大化。学生中心化的教学模式极大地激发了学生作为学习主体的积极性和参与度。但是，这种模式在一定程度上忽略了教师和学生彼此之间的主体关系，即互为主体的交互特性，因此将教育过度简化为学习者（学生）中心论。如此一来，教师这一应在教学

活动中发挥作用的主体容易被忽视，如此将对教学活动和信息化教学的健康发展造成负面影响。因此，一种真正有效的信息化教学模式应致力于均衡考量学生与教师的主体地位，开始"学教并重"的交互主体性教学运动。

这样的教学模式强调信息化教学活动不应固化为主（教师）和客（学生）的二元对立局面，而应在平等的基础上促进教师和学生之间的联结，并以此为切入点注入教学目的的设定、教学内容的选择、教学方式的取舍以及教学手段的采用等多维度中。

（三）动态开放的发展性评价原则

教学的有效性可通过教学过程的度量和评估来说明。事实上，有效的教学与有效的评价是相互联系的，未能具备良好评估机制的教学即便修饰得再好，也难以持久。信息化教学的有效性要求着重于人的发展，因此在评价信息化教学是否有效时，应关注信息化教学活动是否满足教与学双方主体的发展需求以及是否满足信息化教育教学发展的需求。与传统教学相比，信息化教学是一个灵活、不断自我变革的活动过程，因此在评价信息化教学时，应采取开放的、动态的原则，既不应偏重于过程，也不应过分关注结果，而是要兼顾教师与学生在信息化教学过程中的满足感以及其发展性。在评估信息化教学时，应充分发挥教师和学生双方的主观能动性，重视教学有效性与教师专业发展的双重要求，开创一种面向主体发展、具有发展性的教学评价体系。信息化教学有效性关注的重要因素是交互主体性的实现，其核心价值诉求是追求教师和学生的共同发展。这些理论知识的洞察和认识将为信息化教学实践提供有力的理论支撑。

第二章
高校英语教学的相关知识

第一节 高校英语教学概述

一、英语教学的内涵

（一）教学的定义

在中华文化背景下，人们的母语是汉语。汉语不仅是一种语言，更是一个涵盖文化、历史和身份认同的广阔领域。因此，在研究英语教育之前，我们应该先明确"教学"一词的定义与内涵。不同的学科和领域对教学有各自特定的关注焦点和诠释。从词义解构来看，"教学"可拆分为"教"与"学"两个组成部分。"教"是指传授、指导的过程，而"学"是指接传授、指导的结果。这两个方面并非孤立存在，而是相互依存、相辅相成的。

（二）英语教学的定义

英语在当今全球化的趋势下被视为一种全球通用语言，也是我国教育体系中的一门重要外语。相较汉语，英语在日常生活和社交环境中的应用少，这无疑给英语教学带来了一系列挑战。因此，英语教育不仅需要关注语言运用的实际效果，也需在教学方法和学习过程中找到适当的平衡，英语教学可从以下三个方面作具体定义。

1. 英语教学是有目的的活动

英语教学就是有目的的活动，英语教学在不同的教育阶段有不同的学习目标和预期成果，而这些目标又可以细分为多个维度和层次。

2.英语教学具有系统性和计划性

英语教学是系统性的语言教学，其涉及的层面远不仅局限于单一的词汇或语法教学，而是包含了诸多复杂因素，如教学管理体制、教学方法与教育技术，以及语言与文化的多维交织。对于教学管理来说，学校管理层、教育机构和教研部门构成了支持英语教育系统性运作的基础，这一系统化特质确保了教学活动能高效、有序地进行。英语教学也是有计划的，这个计划来自教师和学生两个方面，教师计划怎么教，学生计划怎么学。

3.英语教学需要采取合理的教学方法和教育技术

近年来，信息技术的迅速发展为英语教学提供了更加丰富和多元的教学手段。多媒体技术逐渐渗透到课堂教学中，为教师和学生创造了更为直观和互动的学习环境。这一趋势进一步促使教师在掌握传统的教学方法的同时，也需要熟悉和运用新兴的教育技术。因此，教师应根据学生的学习能力和个性特点进行个性化教学，借助先进的教学工具和教育理念来推动学生全面发展。

（三）英语教学的本质

英语教学不仅是一种语言教学，更是一种文化教育。

1.英语教学是一种语言教学

语言学习不是短暂完成的任务，而是一个不断检验、修正假设和在实践中得以应用的迭代过程。在这一过程中，学生不仅需要了解和掌握语言的结构和功能，更需要对语言文化背景和社会语境有所认识和理解。

英语教学是一门跨学科的学科，其研究内容和教学方法常常与心理学、社会学、文化学等多个学科产生交集。这种交叉性质促使教师在进行英语教学时，应全方位地研究语言功能和语言活动，以及与之相关的学科理论，以期达到更为全面和深入的教学效果。

2. 英语教学是一种文化教学

语言和文化紧密相连，学习一门语言就是了解和体验相关文化的一种方式。在英语教学中，除了语法和词汇，教师也应该注重文化教育，以帮助学生更好地理解和应用英语，并促进跨文化理解和交流。这有助于培养具备广泛文化背景和跨文化沟通能力的学生，为他们的未来职业生涯奠定坚实的基础。

二、英语教学的要素

（一）教师和学生

1. 教师

在当代的教育格局中，教师的职责远远超越了传统的知识传播者，他们扮演着多个关键角色，以更好地满足学生的需求和教育的发展。以下是教师目前主要扮演的九个角色。

（1）知识的传授者和学生的引路人。在互联网和数字技术的时代，教师不再仅是单纯的知识传授者。学生可以轻松地获取各种知识。因此，教师的角色已经演变为帮助学生筛选、整合和深化知识。他们更注重引导学生理解知识背后的含义，培养批判性思维和解决问题的能力。教师不仅是知识的传递者，更是学生的引路人。

（2）课堂的控制者。现代的课堂已经不再是教师独白的舞台。相反，教师需要以巧妙的方式引导和控制课堂，以确保课堂秩序井然，让每个学生都能积极参与。教师需要运用不同的教学方法和技巧，以满足不同学生的学习需求。此外，教师还必须控制教学时间，确保在有限的时间内达到最佳的教学效果，这需要教师具备高度的组织和管理能力。

（3）行为的评价者。教育不仅关于知识传递，还涉及学生的全面发展。

因此，教师不仅关注学生的学术成绩，还关心他们的品质和心灵成长。教师需要注意并评价学生的行为和言辞，并及时反馈。这有助于学生正确认识自己，以塑造良好的价值观和道德品质。

（4）活动的组织者。教学不仅是在教室里传授知识，还包括开展各种课堂活动和项目。教师需要巧妙地设计和组织这些活动，确保学生能够明确自己的职责，并在活动中积极参与。这有助于学生获得更深入的学习体验，培养他们的合作能力和问题解决能力。因此，教师的活动设计和组织能力对于英语教学的成功至关重要。

（5）活动的促进者。在学习过程中，学生可能会遇到各种难题和困难。教师不仅是问题的解答者，还是学生学习路上的伴行者。他们帮助学生构建知识学习框架，引导他们提高自我驱动的学习能力。通过与学生的密切互动，教师可以了解学生的需求，并提供个性化的支持，使每个学生都能够充分发挥潜力。

（6）活动的参与者。现代教育强调互动和合作。教师不仅是课堂活动的组织者，更是参与者。他们需要用富有感染力的教学方法激发课堂的活力，鼓励学生积极参与讨论。教师通过积极参与，可以更好地了解学生的学习进度，并及时调整教学策略以满足不同学生的需求。

（7）资源的提供者。教师可以推荐适合学生的书籍、文章、网站和其他学习材料，引导学生进一步的探索和学习。教师通过提供丰富的资源，为学生拓宽知识面。

（8）研究者。教师不仅是教学的执行者，更是教学方法的探索者和创新者。他们在实践中不断研究、调整，以期寻找更好的教学方法。现代教育领域不断发展，新的教育理论和技术不断涌现。教师需要积极探索前沿理论和技术，以提高教学质量。

（9）激励者。优秀的教师能够激发学生的学习热情，使学生在学习中感受到乐趣，成为学习的主动者。通过鼓励学生设立目标、克服挑战和追求卓越，教师可以帮助他们发挥最大的潜力。激励是教育中的一项重要任务，它有助于学生成长为积极、有动力的个体。

2.学生

学生在当今快速发展的社会中扮演的角色日益受到关注。随着科技飞速发展，所需掌握的知识内容呈现出更新迭代的态势，英语教学作为一个典型的学科，自然也在发生剧烈的变化。对于学生而言，他们在英语教学领域内扮演了以下重要角色。

（1）主体。学生不仅是知识的接受者，更是学习的主体。现代教育理念中强调学生的主体地位，这意味着我们要尊重学生的选择、参与和发言的权利。他们不应只是被动地接受知识，而是应该成为寻求、探索和实践知识的积极参与者。教师责任是激发并引导学生的积极性，帮助他们塑造正确的认知和态度，让他们在英语学习和未来生活中取得更好的发展。这种教育理念可以培养出具有批判性思维能力的学生，能够在信息爆炸的时代中辨别信息的真伪和价值，形成积极向上的人生态度。

（2）参与者。学生应该被视为教学活动的活跃参与者。这意味着他们不仅是听课的旁观者。为了使教学过程更为有效，教师应努力激发学生的学习热情，而学生则应主动表达自己的看法，并提出疑问，积极参与课堂讨论，从而丰富和深化对知识的探讨。

（3）合作者。代教育越来越强调师生之间的合作关系。教师与学生在教学过程中是互为依存的合作伙伴。学生需要教师的专业指导和启发，而教师则需要学生的反馈和参与以优化教学策略。教学不再是单向的，而是一个双向互动、相互促进的过程。

（4）反馈者。在教学过程中，反馈环节占据了至关重要的地位。当学生遇到难以理解的概念或问题时，他们应当及时与教师沟通，这有助于教师更为精确地把握学生的学习需求，并进行相应的调整。

为了应对社会日新月异的变化，学生在教育领域的角色也在逐渐转变。他们从被动的信息接收者转变为主动的知识追求者，从单一的学习者角色拓展到与教师共同合作的伙伴。这种转变不仅有助于提高学生的学术水平，更有助于他们为未来的挑战做好准备。

（二）教学内容和教学方法

1. 教学内容

（1）语言知识。语言知识作为英语应用能力的基石，涵盖了语音、词汇、语法、功能及话题等多个方面。这些元素虽然可以独立存在，但在实际的语言运用中，它们经常是交互作用、相辅相成的。一个句子的意义是一个复杂而多层次的问题，不仅取决于词汇和语法结构，还受到话题和上下文的重要影响。为了真正做到流利、准确地使用英语，学生不仅要掌握基础的语言知识，还要理解这些知识在实际交流中的功能和应用。

（2）学习策略。学习策略作为学术学习中的关键组成部分，特指为了更有效地掌握知识而采用的方法和手段。不同学者可能对学习策略有不同的解读和定义，这是因为该领域仍在持续探索中。在更广泛的定义中，学习策略可能涉及整个学习过程的规划、执行和调整；而在狭义的定义中，它可能仅指代某些宏观的方法或策略。

学习策略和学习方法之间的关系经常被拿来做比较。简言之，学习策略更像是一种总体的指导思想或规划，而学习方法则更偏向于具体的实践技巧或手段。以篮球为例，技术与战术的关系正好反映了学习方法与策略之间的差异。当球员在比赛场上展现各种技能，如运球、投篮等，实际上是在运用具体的技巧或方法;而如何根据比赛的实际情况,决定采用哪种技巧或方法,则需要球员有更高层次的战略意识,这恰恰对应了学习策略的概念。

在学习英语的过程中,学生需要同时掌握各种学习方法和学习策略,以确保能够有效地掌握语言技能、理解文本,以及在实际交流中运用所学知识。这体现了学习英语的多维性和复杂性。学习方法是学生用来获取语言知识和技能的具体技巧和手段,包括使用字典查找单词的含义,通过语境推测词义,听力练习,口语练习,等等。每个学生可能会有不同的学习方法偏好,因此教师需要鼓励学生尝试不同的方法,以找到适合自己的学习方式。这种个性化的学习方法有助于提高学习效率。学习策略则更广泛,包括了整个学习过程的规划、执行和调整。

学习方法和学习策略是学生学习英语过程中的重要组成部分。它们相互关联、共同促进学生的学习和成长。教师的角色是引导学生理解这两者的关系,培养他们的学习技能和学习思维,以便他们能够更好地应对不同的学习挑战,提高英语应用能力。

在教育学的研究领域内,学习策略与学习方法两者之间的区别和联系一直是一个重要的讨论主题。学习策略和学习方法在表现形式上有明显不同。学习策略往往涉及目标设定、计划制定和自我评价等多个方面,而这些通常是在认知层面上进行的,因此较难以直观观察。这解释了为何即便是运用了先进的教学工具,教师仍然难以准确把握学生实际运用学习策略的全貌。相反,学习方法作为具体解决问题的技巧和手段,其表现形式更为明确,教师可以直观地通过观察和评估来了解。

学习策略与学习方法在自觉性与目的性上也存在差异。学习策略通常涉及对多个学习任务和技巧的整合和优化,因此更具有自觉性和目的性。

例如，在英语教学中，学生可能需要通过学习策略来提高阅读速度，比如运用略读技巧来捕捉文章主旨。这一过程往往需要学生自觉地根据具体情境和目标来选择和调整适合的方法。相比之下，学习方法更多是作为解决特定问题的手段，而不需要如此高度的自觉性和目的性。从更广泛的角度来看，学习策略实际上是对学习方法进行管理和优化的高级形式。具体而言，学习策略不仅涵盖了学习方法，还包括了如何根据实际情境和目标来调整这些方法，以及如何消除妨碍学习的各种因素。因此，在教学过程中，教师需要教会学生如何更有效地运用和管理各种学习方法，这就涉及了学习策略的培养和应用。

（3）文化意识。文化背景对学习策略的选择与应用有着深刻的影响。每个人从出生开始便沐浴在特定的文化之中，从而培养出相应的思维方式和学习习惯。这是因为，从人类学的维度来看，个体不仅是社会的产物，更是文化的产物。

在英语学习的过程中，学生不应仅满足于掌握语言技能，应更深入探索文化层面。因为语言不仅是文字和发音的总和，它背后蕴藏着一整套的文化、历史与社会价值观。学生的学习观念，包括他们选择的学习策略，无疑会受到其文化背景、个人经验、教育经历的影响。

教师应指导学生理解和欣赏英语文化，帮助他们消除文化误解，从而更好地应用学习策略。唯有学生真正认识到语言与文化的紧密关联，他们才可能主动寻找与之相关的学习方法。尤其在我国，学生接触英语的机会较少，这使得培养他们的实际应用能力变得尤为重要。同时，教师应鼓励学生广泛地阅读英文材料，比较中西文化之间的异同，并与同伴分享心得。此外，教师还需关注同一文化背景下不同学生在学习策略上的差异，并进行有效的调整。

2. 教学方法

英语教学法作为一门学科，长期以来在外语教学领域占有举足轻重的地位。它主要探讨外语教学的理论基础和实践方法。不同的教学方法往往会带来不同的教学效果。近年来，英语教学法呈现出多元化和层次化的特点，形成了一个复杂而又有序的体系。这一体系不仅关注传统的教学目标和内容，更在于如何根据学生的需求和特点，结合时代背景，进行教学创新。现代英语教学法中有多种理论流派。不同流派根据其特点与应用形成了不同的教学方法，每一种方法都有其特定的教学目标和策略。但无论采用哪一种教学方法，其核心都是为了提高学生的英语能力，使他们能够在真实环境中流利使用英语。

三、高校英语教学的影响因素

（一）教师的影响

教育工作者特指那些奋斗在教育第一线的先锋。在学校环境中，他们与学生的关系尤为密切，是学生成长过程中遇到的最为关键的指引者。教育工作者是社会中宝贵的资源，他们致力于塑造学生的个性和思维方式，引导他们成为有担当的社会人。尤其在高等教育英语课堂上，教师扮演着不可或缺的角色。他们不仅要努力为学生创造出自由探索的学术环境，更要坚守"真理面前，人人平等"的原则，鼓励学生独立思考，勇于质疑。

随着社会的进步和教育理念的更新，教师的角色与地位也发生了相应的转变。那些昔日单一的、传统的教学方式在现代教育背景下已日渐被淘汰。教师，面临着信息化时代的挑战，不仅需要具备扎实的学科基础，更要具有研究型的教学思维和现代化的信息处理能力。英语教育，作为全球通用语言的学习，更加注重学生的主体性和独立性。优秀的高校英语教师不仅要发音准确,更要适时地调整教学策略,引导学生进一步深化思考,激发其对英语的热情。此外,面对课堂中可能出现的不确定因素,教师也要随机应变,确保课堂氛围的和谐稳定。因此,在高等教育的英语教学中,教师不仅是学生学习的引导者,更是课堂氛围的塑造者和教育理念的推行者。

(二)学生的个体差异

1. 语言潜能差异

语言学习潜力是每个人天生的学习优势,但高低程度存在差异。有些人因天生拥有更高的语言学习潜力而在学习过程中表现更加突出。这种潜在能力主要包括以下几方面:一是语言编解码能力,对语言输入的处理和解读;二是归纳与推理能力,对语言材料的组织和运用;三是对语言的敏锐度,从给定的语言材料中洞察和推导其规则;四是联结性记忆,对新的语言元素的吸纳和整合。教师在教授英语时,理解学生的潜在语言学习能力是至关重要的。教师需要调整教学策略,以适应学生的独特资质,确保学生在多种场合中最大化地发挥其优势,从而使教学更加高效。

2. 情感因素差异

(1) 学习动机。动机是内在的力量,它能够推动个体向目标迈进。动机不仅可以提高个体对事件的关注度,还能左右个体的行为方向。在教育过程中,学生的学习受到诸多因素的影响,如动机、认知状态和社会背景等。动机是维持和指导学生学习行为的内在力量。当学生拥有强烈的学习动机时,会更加积极地投入学习,获得更好的学习效果。

(2) 性格。性格是指一个人对待事物相对稳定的态度,这是学生学习过程中的一个核心情感因素,与学习成果密切相关。通常,性格可分为外向和内向两大类。埃利斯指出,外向型学生由于其社交性,不畏惧错误,更可能积极参与英语学习,从而获得更多的实践机会;相反,内向型学生因其沉思的特质更容易专注于阅读和写作,这使他们在认知性语言学习上有优势。对于教师而言,深入了解学生性格差异和各自的学习需求至关重要。这不仅有助于教师更好地理解学生的内心世界,还可以帮助他们制定更为精确的教学策略,以确保每个学生都能在学习中取得成功。

四、高校英语教学改革的方向

(一)明确教学目标

在当前我国的一些高校里,英语教学的主轴依然是偏向阅读技能的培养。这样的教学模式旨在全面强化学生的英语综合能力,并激发其对英语学习的热情。在这个过程中,教师可以运用诸如观察法、研讨法和访谈法等多种教学手段和技术,深入洞察学生的特征与需求,诊断其学习中遇到的问题,并辅导他们树立明确的学习目标。但是,学生在缺乏明确的学习动机的情况下,往往会陷入被动学习的状态。他们处于这种状态时,学习的热情和积极性便会消失殆尽,遭遇困难和挫折时,也难以主动挑战,因此易于陷入恐惧和退缩的心态。反之,当学生能够树立深层次的学习动机时,他们在英语学习的征途上便能展现出极高的积极性和对知识的强烈渴望。这样的学生能够有目的地进行学习,清楚自身学习的意义和方法,积极增强自信,不畏困难。在遇到问题时,他们更愿意去探究原因并寻找解决方案。随着学习成绩的逐渐提升,他们的学习动力也将越发旺盛,形成一种积极的良性循环。因此,教师需要使学生认识到,学习英语不仅是为了应对各种考试或为了获得学历证书,其更深远的意义在于通过学习英语打开一扇通向更宽广世界的窗户。

教师在帮助学生设定学习目标时,应确保这些目标是与学生的个体条件和其他相关因素相匹配的,是合情合理且具有实际可行性的,而不是抽象和模糊的。这样才能真正实现教学的个性化和精准化,使英语教学改革步入一条更为健康和有效的发展轨道。

(二)提出"以学生为中心"的教学理念

学生是知识获得过程的主动参与者。传统的教育方式过于强调结构性知识的传输,过分重视教师在教学过程中的地位,导致学生处于被动地位,而缺乏真正的参与感。课堂不仅是知识的传递站,更是思维的碰撞场、创意的孕育地。

在传统高校英语教学中,因过分重视语言结构,学生往往仅作为知识的接受者,被动地吸收知识,这无疑限制了他们的创新思维。被动的、单向的学习模式存在一些限制,它可能导致学生对知识的探究能力不足,使学生在创新和应用知识方面受到限制。为此,现代教育学者提倡一种以学生为主导的教育模式,旨在挖掘学生的潜能,鼓励其主动探索。

但值得注意的是,"以学生为中心"并不等同于教师的消极和放任。反而,这种模式更加强调教师作为学生学习的引导者和伙伴,与学生一同走在知识探索的道路上。当学生在学习过程中遭遇困惑或挑战时,教师应为其提供帮助和指导,而不是置身事外。

为了达到这一理念,教育模式必须从单向的教导转变为互动交流。教师不再是单纯的传授者,而是与学生共同参与的合作伙伴。他们应该关注每一位学生的需求、兴趣和特点,不断地挖掘学生的思考潜力,引导他们从多个视角看待问题,鼓励他们勇于表达自己的观点和思考。

学生在这样的环境中将更加清晰地意识到自己的价值,认识到他们不再是单纯的知识接受者,而是知识创造和应用的主体。在教师的悉心指导下,他们将学会独立思考,找到最适合自己的学习方式,使学习效果达到最优。

在这样的教学原则下,学生的个性得到了更好的发展和尊重。现代的素质教育正是基于这样的教育观点,强调每个学生的个性化发展,希望每位学生能够在教育的熏陶下形成独特的个性,展现出其无限的潜能。这也是现代教育所追求的目标:因材施教,使每一位学生都能在英语学习中或者在更广泛的学术领域里,都能够发挥出自己的最大潜能。

(三)开展多媒体网络教学

多媒体网络教育是一种利用多种媒体技术和互联网平台来进行教育和学习的方法。它在现代教育中扮演着重要的角色,有助于提高教育的质量和可及性。

与传统教育方式相比,多媒体网络教育具有以下优势。

(1)网络教学为学生提供了丰富多样并且开放的资源。简单的上网设备,使随时随地在线学习成为可能,消融了固定时间和空间的限制。

(2)即时的在线学习为学生提供了极大的便利和自由,使他们能随心所欲地安排学习时间和场所,更好地满足他们自我驱动的学习需求。

(3)网络教学解决了传统课堂学习节奏的制约,借助网络教学工具,学生可以自由调控学习进度,反复观看难度较大的知识点,也可以高效地掌握易懂的知识点,实现个性化学习。

(四)评价方法多元化

评价是教学过程中不可或缺的一环,对于英语教育亦然。在当前英语课程改革的实践中,评价方法的一些问题逐渐显现。例如,教师对知识评价的疏漏,对试卷分析工作的不足,对评价信度和效度的误解等,这些都需要进行深入探索和改革。因此,引入科学且有效的评价方法以建立适应现代教育理念的评价体系显得尤为重要。

从世界课程评价的发展史中可以发现，当今课程评价的发展趋势是充分尊重个体的建构评价理念。评价理念建构强调共同的心理建构意识，以此达成评价共识。这种评价理念实质上摆脱了传统评价体系的客观性和科学性限制，展现了尊重学生主体性的新评价理念。

主体性评价理念体现了教育评价过程中的开放性和动态性，这个过程鼓励学生的自我反思和行为矫正，提升他们的自我认知能力，帮助他们逐步达成评价目标。这个过程强调尊重学生的差异性，从而实现真正意义上的个性化发展评价。在英语教学改革中，需要重视评价方法的多元化发展，强调对学生个体差异的尊重与理解，实施科学评价，避免以一种单一的标准来衡量所有学生的学习成果，这样才能让评价真正发挥引导、激励学生发展的作用，而非仅仅成为评定学习结果的工具。

在英语教学改革中，主体性评价可以发挥重要作用。英语学习不仅是语法和词汇的掌握，还包括听力、口语、阅读和写作等多方面的技能。通过主体性评价，教师可以更好地了解每个学生在这些技能方面的表现，并提供个性化的反馈和支持。此外，主体性评价也有助于改进教学方法。教师可以根据学生的需要调整教学策略，提供更有针对性的教育，以帮助学生充分发展英语技能。

五、高校英语教学目标分析

（一）帮助学生理解英语

英语教学的核心是对"理解英语"的教授，实质是一系列以学生为中心的教学活动。教师在设立每个教学环节时，始终以学生的视角为出发点，因此每位学生都可以从中获取所需的知识，并逐步掌握所学语言技能。教师的用心设计，让学生在轻松愉悦的氛围中探索并获取知识，从而拥有更加娴熟的语言技能。

在技能习得过程中，教师的角色是作为引导者，帮助学生解决在语言学习探索过程中所遇到的困难。需要深思的问题是如何有效引导学生掌握英语知识，这可以通过学习基础知识和培养对英语的兴趣来实现。掌握英语不仅意味着具备应对考试的能力，更重要的是具备口语表达的能力。这两种能力代表了两种不同的教学模式，而基于这两种不同的模式的教学活动将产生不同的学习结果。

考试能力的提高需要学生熟练掌握课本知识，并能够灵活运用这些知识来解答不同类型的试题。与此不同，口语表达能力的提高则更加注重学生将所学知识运用到日常生活中，培养实践应用能力。因此，教师需要鼓励学生多与人交流，多进行口语练习，以此提高口语表达能力。总之，不同的能力提高方向需要教师采用不同的教学方法和培训策略。

在设定教学目标时，教师应结合这两个方面的考量，确保学生不仅掌握知识，还能运用所学的知识。在人际交往中，能有效使用语言技能进行沟通，这也是我们的最终目标，因为语言本质上就是一种技能。

（二）帮助学生学会英语

教育活动中三个核心要素是"教育者""受教育者""教育策略"。将这三个词组合起来，就形成了这样一个句子：教育者通过合理运用教育策略，达到对受教育者进行教育的目的。显然，学习的主体是学生，而教师是围绕学生展开教育活动的实施者。

随着时代的进步，教育也在不断地发生变化。在这个变化过程中，教师逐步认识到教学活动的主体是学生这一观念。因此，教师在制定教学目标时也发生了很大的改变，重心由教会学生什么转移到学生学会什么，这样的转变赋予了学生更大的主动性。学生不再只是被动接受教育，而开始主动参与，并确定想要达到什么目标。教师的职责就是帮助学生完成这个目标。这种教育意识的变化对教育活动产生了深远的影响。

（三）给学生传授语言知识

长期以来，在教育过程中，学生只是被动的接受者，而教师则是主导的信息源。教师根据自己的判断，向学生提供他认为对学生有帮助或有益的信息。然而，这种模式忽视了一个重要的问题，那就是教师并没有去深入研究学生的内心需求，没有去理解学生各自的学习激情和兴趣点。

在这种教学模式下，教师完全主导了教学过程，而学生仅是配合者。教育常常过于注重学生是否掌握了"正确"或"标准"的英语，而忽略了学生的主观感受。在这一模式下，学生的角色只能是配合教学活动，成为游戏规则中的"配角"。教师的关注焦点常常在于学生是否在积极接受他们所教授的知识，却很少关心学生真正能吸收多少或者学生是否愿意接受这些信息。这种教学模式痛苦且效率低下。

在教学内容方面，教师往往过多地关注学生是否理解教师自己认为的美。例如，教师在设计课程时，会大量依赖自己的审美和偏好，确定课程的形式和内容，却很少站在学生的立场去思考这些问题。

（四）训练学生的英语技能

当训练学生的英语技能时，教师对教学语言的频繁运用的必要性显而易见。应用教学语言不仅是为了把知识传授给学生，更多的是为了与学生进行有效的沟通，尽管在交流过程中，教师仍然占据主要地位。大量的英语技能练习和考试可以说是这部分教学最直观、有效的体现方式。尽管学生在这种模式下仍未成为主体，但不可否认该模式教学成效显著。

（五）发展学生的意义潜势

在当前教育领域中，教学过程的多样性和学生在教学过程中的作用受到了广泛关注和深刻反思。特别是在英语教学领域，学生的主体性如何被激发和培养成了一个重要的议题。教师必须认识到，英语不仅是一门语言或一门技能，它是一种工具，可以帮助学生更好地表达自己的思想和感受。同时，英语也是一种文化载体，可以让学生更好地理解和接纳不同的文化背景。在学术层面，教师需要重新审视现有的教学模式和策略。尽管不同的教学模式和侧重点存在一定的差异，但大多数情况下，学生被视为被动的知识接受者，而不是积极参与学习的主体。因此，教师应该尝试打破这种教学模式的固有模式，让学生成为教学活动的真正主角。在心灵层面，教师需要关注学生的内心体验和需求。学生不应该仅是按照教师的指示去完成任务，他们应该被鼓励去探索自己的兴趣和潜能。为此，教师可以设计一系列的活动，如小组讨论、角色扮演等，来帮助学生更好地理解和掌握英语知识，也有助于激发学生的创造力和想象力。

（六）跨文化交流能力的培养

跨文化交流能力的培养是当今全球化时代中至关重要的技能，它涉及理解、尊重和有效地与来自不同文化背景的人进行沟通和合作。这种能力不仅在个人生活中有用，在职业领域中也至关重要，特别是在国际性的工作环境中。下面是一些培养跨文化交流能力的建议。

1. 学习目标文化的语言

学习目标文化的语言是理解和融入该文化的关键。语言不仅是词汇和语法，还涉及文化、价值观和传统。通过学习语言，学生可以更好地理解不同文化的思维方式和社会背景。

2. 了解目标文化的历史和社会背景

了解目标文化的历史、社会结构、价值观念、礼仪习惯等对于学生理解不同文化的思维模式和行为方式至关重要。深入了解文化背景更有助于避免误解和冲突。

3. 尊重和包容不同文化

尊重和理解不同文化的差异是培养学生跨文化交流能力的核心。学生要愿意接受和尊重不同文化的观点、信仰、价值观和习惯，避免偏见和刻板印象。

4. 开展跨文化互动和体验

学生通过参与国际交流项目、旅行、国际活动、文化节庆等，积极与不同文化背景的人进行互动，有助于适应不同的文化环境，并提高跨文化沟通的信心和能力。

5. 接受多元化教育

学生参与跨文化培训和课程，了解不同文化间的沟通差异，以及如何在不同文化情境下进行有效的沟通和解决问题。多元化教育可以帮助学生获取实用的技巧和知识。

6. 培养自我意识和自我反思能力

学生应反思自己的文化认知、偏见和态度，并尝试理解这些偏见对跨文化交流的影响。学生应学会观察自己的情绪、信仰和价值观，以便更好地应对不同文化情境。

7. 提高沟通技能

学会倾听，清晰表达观点，提问和解释思想是跨文化交流的关键。在跨文化情境下，沟通技能变得更为重要，因为不同人对语言、表达方式和非语言信号可能会产生不同的解释。

8. 与多元文化团队合作

如果可能，学生应尽量参与多元文化的团队或项目。这样可以让学生在实践中学习如何与来自不同文化背景的人合作和交流。

第二节 高校英语教学的基本理论

英语教学的基本理论是进行高校英语教学的基础,高校教师只有掌握了理论知识,才能在实践教学中更好地完成教学任务。

一、现代教学理念

(一)行为主义学习理论

行为主义学习理论是行为主义心理学在学习过程中的具体运用而形成的理论观点,以下介绍的是其主要流派。准确理解和把握行为主义学习理论的主要观点对于教师帮助学生正确认识学习行为,养成良好学习习惯,达到预期学习目的有很大帮助,这也是教师在教学过程中恰当运用听说法的基础。

1. 试误学习理论

行为主义学习理论的一个分支是试误学习理论,它源自美国心理学家爱德华·李·桑代克的研究工作。试误学习理论强调学习是通过试错来实现的。桑代克通过一系列实验,主要使用了迷宫和迷笼等创新性测试工具,研究了动物学习行为。他的实验揭示了学习是一个逐步的过程,通过在特定环境中反复试错,动物能够建立刺激和反应之间的关联。这种关联是学习的核心,它使得动物能够更好地适应环境,并取得成功。

桑代克将这个理论应用到人类学习过程中。他认为人类学习的本质也是试错的过程，人类通过反复尝试不同的方法来解决问题。这个理论强调了积极的反馈和强化对于学习的重要性，因为正确的反应通常伴随着积极的结果，这有助于加强刺激和反应之间的关联。

但是需要注意的是，试误学习理论在某种程度上对人类学习过程进行了简化，忽略了认知因素和复杂的思维过程。然而，桑代克并没有止步于此。他进一步提出了一些关于有效学习的观点，这些观点至今仍然具有重要的教育价值。

（1）桑代克强调了学生对学习内容的兴趣和需求的重要性。他认为，学生对所学内容有强烈的兴趣和需求有助于激发他们的学习热情。这一观点强调了个性化学习的重要性，教师应该考虑学生的背景、兴趣和需求，以更好地满足他们的学习欲望。

（2）桑代克提出，在开展具有重复性和机械性特点的教学活动时，教师应该首先激发学生的学习热情。这一观点强调了教师在教学设计中的角色，他们应该采用吸引学生的方法，让学习变得更加有趣和引人入胜。激发学生的学习热情不仅可以增加学生的学习积极性，还可以提高他们的学习效果。

（3）桑代克还强调了在教学过程中控制好教学节奏的重要性。他认为，教师应该注意调整教学的节奏和难易程度，以适应学生的学习进度。这有助于避免学生因感到学习过于简单或过于困难而产生厌倦感，从而失去学习兴趣。通过合理的教学节奏和难易程度调整，教师可以更好地支持学生的学习过程。

桑代克的观点在教育实践中具有广泛的应用价值，为教师提供了有力的指导，进而提高教学质量。

2. 条件反射学习理论

条件反射理论已应用到语言学习领域中，并产生了深远的影响，特别是在生理与认知因素如何交互影响学习过程的问题上。俄罗斯生理学家伊万·彼得罗维奇·巴甫洛夫通过实验揭示了条件反射的机制：在一系列特定环境和条件下，反复出现的条件性刺激能够促使动物或人强化原先非条件性刺激产生的反应，从而形成习惯性行为。在这一过程中，生物体从被动地接受刺激，逐渐将这种刺激转化为条件反射。

巴甫洛夫强调，这种刺激是学习过程中的关键因素，而不仅是反映本身。这与桑代克的观点存在明显差异。尽管两者都致力于探究刺激与反应之间的相互作用，但他们对于这种联系如何形成的解释有着根本性的不同。

在巴甫洛夫的研究框架内，人们对语言的掌握是通过在外语与现实世界（包括事物、观念、概念等）之间建立条件反射关系来实现的。因此，在语言学习的全过程中，外部的条件刺激，比如实物图片、教学环境和目标语言资源，都是至关重要的。

巴甫洛夫指出，在外语学习中，过度依赖母语作为翻译和沟通的中介是一种明显的干扰因素，它可能妨碍到条件反射的形成。因此，优质的语言教学环境应尽量减少母语的使用，而是通过更多地利用教学辅助材料和实践场景来促成条件反射的触发。

此外，一系列后续研究已经将巴甫洛夫的条件反射理论应用到儿童语言学习的过程中。研究者认为，儿童在学习语言时，同样是在对周围环境进行观察和模仿，以及对多种外部刺激进行反应。因此，儿童语言学习的模式证实了条件反射理论在语言教育中的应用价值。

基于这一理论体系可以得出结论，高效的语言学习不仅要关注教学内容本身，还需要充分利用有计划的、间隔性的语言实践机会来增强学习效果。在实际的课堂教学中，这通常表现为对特定句型和表达方式的重复操练。通过这种方式，学生能够不断强化对教学内容的理解和掌握，最终使之内化为自己的语言行为模式。

3. 操作学习理论

在语言学习领域，操作学习理论以其独特的视角对语言的性质和习得提供了解读。该理论由美国著名语言学家伯尔赫斯·弗雷德里克·斯金纳在19世纪30年代提出，直指语言学习能被视为一种持续的、动态的"操作"过程。

在斯金纳的理论架构中，"强化"是一种核心机制，他认为这个环节在学习过程中起着决定性的作用。他提出，学生需主动进行操作行为，然后接受刺激性的强化。这个强化过程可以是积极的，也可以是消极的。在积极的情况下，学生的行为通过新增的刺激以被增强，使学生更接近期望目标；与之相反，消极强化则是通过排除刺激使学习行为趋近预期目标。

及时的积极反馈对于学生的行为改进具有激励作用，有助于维持学生的学习热情与积极度，引导学生形成正确的语言使用习惯。相应地，对于需要改正的行为，适当的惩罚是引发行为改变的有效方式。

语言学习与人类的其他行为一样，是通过习惯的培养而逐渐熟练的。在这个过程中，"条件反射"的机制起到了关键作用。然而，对于很多需要反复训练与实践的学习内容，学生可能难以持续保持学习热情，因为这个过程常常是枯燥乏味且机械化的，尽管这个阶段在某种程度上是无法避免的。

（二）认知主义学习理论

与操作学习理论同为重要理论基石的是认知主义学习理论。在外语学习的初期，行为主义学习理论往往占主导地位，这一理论体系在众多教学实践中都取得了显著的成果。然而，它的局限性在于忽略了学生的心理认知过程，也没有充分重视学生的思想、信仰和情绪等主观因素在教学过程中可能产生的影响。直到 20 世纪 60 年代后期，随着认知心理学科的迅速发展，教育学界开始对行为主义学习理论提出了诸多批评，并尝试在此基础上进行反思，于是，认知主义学习理论逐渐崭露头角。

1. 语言技能的自动化

技能自动化指的是通过持续地训练和实践，将某项技能推进到超越思考，熟练掌握，最终变成习惯性应用的过程。信息自动处理的成熟，实际上是从受控处理向自动处理逐步过渡的过程。在受控处理阶段，记忆被看作一系列相互关联的节点。这些节点必须按照特定顺序激活。但这种激活过程并没有达到自动化，因此学生需要保持高度的注意力和专注力。在这个阶段，初级和中级阶段的学生需要更多的时间来掌握如何用外语表达自己的思想。在有强烈干扰或注意力不集中的情况下，他们通常无法完成这种受控处理阶段的学习任务。然而，通过反复训练，这种激活模式会变得熟练，一旦学生达到这种习惯性反应的水平，就表示他们已经进入了自动处理阶段。

从受控处理到自动处理的过渡可以进一步分为认知阶段、联想阶段和自主阶段。在认知阶段，学生依赖声明性知识来使用语言，这通常会导致错误表达、较慢语速以及频繁停顿的问题。在联想阶段，学生已经积累了综合性的知识，用于理解或生成语言，并将声明性知识转化为程序性知识。在自主阶段，学生无须有意寻找语言表达所需的词汇和结构，错误的语言表达变得罕见，语言流利度提高，对语言理解变得自动化。

2. 语言认知结构的重建

根据认知理论，学习复杂的技能需要先通过广泛的次级技能训练，并将它们相互融合，使其在一定程度上自动化。但这仍不足以支撑学生学习新的语言信息，因为学生已有的语言认知结构需要与新学习的语言相互融合,并随着学生语言能力的提高不断重构学生的认知结构。这是一个漫长而复杂的过程。

戴维·保罗·奥苏贝尔是备受瞩目的美国教育心理学家,更是现代认知心理学理论的杰出代表。他在心理学家皮亚杰的认知同化理论和布鲁纳的认知发现理论的基础上,形成了其独特的意义一体化学习理论。奥苏贝尔是将认知理论应用于教学实践的早期学者之一,他的学习理论的核心在于对认知结构概念的深刻理解和应用。

学习过程中,意义的构建是一个关键环节。这个构建过程被称为新知识的同化。从认知的视角来看,同化是学生在现有知识体系的基石上积极吸纳新的观念和信息,使得其内部的知识框架逐渐升华和拓展,形成一个更为丰富和高级的认知网络。在此背景下,教师的任务变得至关重要:他们需要运用合适的教育策略,启发学生开拓思路,从多种维度和层次去审视和分析问题,以培养学生创新思维。此外,教师还需激发学生的学习动力,引导他们积极探索,对知识持开放态度,从而更好地实现学生深层次的知识同化。

学生的预存知识对学习过程具有决定性的作用。新的认知观点的形成,很大程度上是基于已有知识与新信息的交互和整合。学生在现有认知体系中所积累的相关概念和知识背景,很大程度上决定了新知识同化的深度。如果学生拥有丰富的知识储备,那么他们的学习效率也将大大提高。为了更好地同化新知识,学生可以在正式学习之前阅读一些基础资料,以填补现有知识与新知识之间的鸿沟。

值得注意的是,同化的过程不仅适用于深层次的学习,还广泛存在于接受性的学习中。在接受性学习中,教师直接向学生传递确定的知识内容。尽管学生无须自行探索这些内容,但他们仍须深入理解、分析并将其融入自己的认知网络。教师也应注重实际情境与交际中的语言应用,以帮助学生更好地掌握和应用新知识。奥苏贝尔先生对此进行了深入的探讨,他认为接受性学习并非简单的知识传授,而是一个有目的的内化过程。在这个过程中,学生必须对所学知识进行深入的理解和消化,才能真正做到学以致用。

(三)人本主义学习理论

人本主义心理学于20世纪50年代在美国兴起,由一些持有相似观点的心理学家共同推动形成的。这一流派的心理学家致力于研究人的完整性,并特别强调个体的自我实现。他们基于此提出了人本主义学习理论。不同于行为主义的研究方法,人本主义学习理论更多地基于经验和观察,提出了一系列关于学习过程的观点。

1.人本主义学习理论的主要内容

(1)马斯洛的学习理论。美国心理学家亚伯拉罕·马斯洛是人本主义心理学的主要创立者之一。他提出了著名的"需求层次理论"。该理论将人的需求划分为不同层次,包括基本生理需求、安全需求、社交需求、尊重需求、认知需求、审美需求和自我实现需求。这些需求按照层次逐级递增。人们在满足了较低层次的需求后,才会追求更高层次的需求。这一理论为人们理解人类需求和动机提供了重要的框架。

马斯洛心理学理论的核心概念是自我实现。他强调,个体存在的目的和生活的意义在于实现其内在潜力和价值。这个观点不仅在心理学领域有重要意义,在教育领域同样具有深刻的启示。学生首先是人类个体。马斯洛认为,学习的基础和关键在于将自我实现的理念引入学生自我潜力的挖掘和自我超越中。这意味着教师的任务不仅是传授知识,更是积极引导学生,激发他们的内在动力,而非通过外部压力强迫或限制他们的学习。

基于自我实现理论，马斯洛提出了教育的五个原则，旨在引导教育实践以满足学生的基本需求并促进他们的全面发展。

第一，自我统一性原则。它所强调的是通过教育的力量，协助学生解决内在的矛盾与分裂，引导他们领悟个人自我的完整性以及与社会和自然的统一性，从而增强学生内心的稳定性和自我认同感。

第二，启发性原则。这一原则强调激发和培养学生的创新思维。通过培养学生创造性思维，学生可以更深入地思考和探索知识，而不仅是接收信息。

第三，美育原则。这一原则强调音乐、舞蹈、绘画等艺术教育在人格培养中的重要作用。马斯洛认为，艺术可以激发人们的情感和审美感，有助于生者更全面地理解世界并表达自己。

第四，超越性原则。该原则注重个体自我超越和对文化的超越。这意味着教育应该鼓励学生不断突破自身局限，培养批判性思维和社会责任感。

第五，价值原则。通过激发学生的内在价值观，学习可以帮助他们找到生活的意义和目标。这有助于学生建立有意义的学习体验，使他们更深刻地理解所学内容的重要性。

马斯洛的需求层次理论和自我实现观念为教育领域提供了重要的理论基础。他的观点强调了个体的内在需求和动机，在教育实践中引导学生发掘潜力。马斯洛的教育原则提供了一种方法，可以更好地满足学生的需求，鼓励他们在学习过程中取得更全面的发展。因此，教师和相关主体可以借鉴这些原则，设计更有效和有意义的教育课程和环境，以支持学生的成长和自我实现。马斯洛的理论不仅影响了心理学领域，也为教育提供了一个人本主义和发展性的视角，对教育领域产生了深远的影响。

（2）罗杰斯的学习理论。美国知名心理学家卡尔·兰森·罗杰斯也是人本主义心理学的重要代表。他主张的教育最终目标在于培养全面发展的人,并坚持以学生为中心来组织教学实践活动。他认为,只有将学生放在中心位置,才能促进他们的主动学习、自我实现和自我发展,从而培养他们的独立性、自主性以及创造性。

他在《学习的自由》一书中详细阐述了他的学习理论:一是教师要帮助学生增强对自我的理解,设立和谐的学习环境以激发学生的潜在能力。二是教材应以反映学生生活实际为主,同时要体现目标语言的社会文化特性,并符合学生的能力水平。三是教师需要尊重学生的感受,搭建高效沟通渠道,积极调解、引导由各种原因产生的心理问题,赋予学生展现自我的机会。四是要积极激发学生主动寻求新知识的欲望,培养他们对学习的热情。五是学生应主动探究、建构知识,并强调自我管理、自我评价和自我提高。六是鼓励学生参与社会活动,通过实践提升他们的学习能力。

2. 人本主义学习理论的主要观点

人本主义学习理论作为一种重要的教育思潮,旨在关注每一个学生的内在潜能和需求。虽然这些理论因其形成的条件、背景和研究重点而存在差异,但它们都坚守一条共同的理念:学习和教育都应当从人的天赋、需求和潜能出发。具体来说,这一理念主要体现在以下五点。

(1)一切要以人为主要出发点。人本主义学习理论强调,人是知识构建的核心与中心,所有的学习和教育活动都应当围绕学生展开。这一观点的基础在于对人的深入认知:理解其需求、情感、动机和人格等多方面的特质。与之相对,行为主义往往过于注重外部行为,从而忽略了人的内心活动;而弗洛伊德的精神分析学说过于偏重对特殊人群的研究,可能并不完全适用于广大普通人群。人本主义则认为,要真正了解人,就必须从整体出发,深入研究其内外在的特性,寻找其内在心理活动的本质特征和规律。

（2）学生是学习过程的主体和核心。人本主义理论认为，学习过程中的学生并非被动接受者，而是积极主动的探索者。人本主义鼓励学生积极参与学习过程，制订学习计划，选择适合自己的学习方式，并持续关注自己的学习进度，以此进行自我调整和评估。这样的学习方式不仅能帮助学生更好地吸收知识，还能促进其个性化发展，使其在学习中更好地实现自我价值。

（3）教育的主要任务是开发学生的潜能。人本主义理论认为，每个学生都有着巨大的潜在能力，等待被发掘和发挥。教育的最终目的应当是找到方法释放这种潜能，让每一个学生都能充分地发挥出自己的能力和潜力。为实现这一目标，教师需要深入了解学生的特点，如背景知识、能力水平、兴趣爱好和个性特征等，并根据这些特点制定教育策略。这样的教育方式不仅更加人性化，也更能满足学生的个性化需求。

（4）教育的过程离不开现代信息技术。随着信息技术的飞速发展，特别是大数据、云计算及网络技术的普及和成熟，教育领域正在经历前所未有的变革。这些先进的技术为学生展现了一个广阔、多元且互动性强的学习天地。知识的获取、整合和传播不再受制于传统的时间和空间约束，学生能够自由选择最适合自己的学习路径和速度。在这种背景下，人本主义教育理论所倡导的学生自主性、多样性和开放性得到了充分体现，为学生的成长和发展提供了更为广阔的舞台。

（5）重视提高学生的群体学习能力。在现代教育的实践中，群体学习成了一个重要的议题。除了个体的自主学习外，如何在团队或群体中协同、互助和交流，同样被赋予了极高的价值。通过合作学习、项目协作和同伴指导等方式，学生能够在团队中共同探索、交流和成长。这不仅培养了学生的团队合作意识和沟通能力，也为其提供了一个富有挑战性和创新性的学习环境。

二、错误分析理念

（一）错误分析理论概述

1. 错误分析的概念

简单来说，错误分析就是对学生在学习过程中产生的错误进行深入研究和解析。在第二语言习得领域，它被视为一个关键研究领域。错误分析不仅包括对错误本身的识别，还深入探讨了错误背后的原因，从而为学生提供了一个反思、修正和进一步完善自身学习策略的机会。

在学习第二语言时，犯错是不可避免的，但这并不意味着它们是无价值的。相反，这些错误为教师提供了一个窗口，使教师可以深入了解学生在习得新语言时所经历的思维和认知过程。通过对学生在习得目标语言时所犯错误的深入分析，能够揭示出学生在语言习得中的假设、验证和修正过程，从而更好地理解学生是如何逐步建立和完善其语言知识体系的。

无论是现代信息技术在教育中的应用，还是对学生错误的深度分析，都为教师提供了对教育和学习过程更为深入的理解，也为教育的进一步发展和完善提供了有力的工具和方法。

传统的错误分析方法是建立在对错误实例的收集、分类和量化基础上的。一旦将错误归类并统计其频率，教师通常会针对频繁出现的错误进行强化教学，以期减少或消除这些错误。然而，这种方法主要聚焦于错误的表面，而并未深入探究其背后的原因，因此其研究范围相对狭窄，缺乏深度。随着20世纪70年代新的错误分析方法的出现，学者们逐渐认识到仅减少错误并不是错误分析的最终目的，更重要的是深入挖掘错误背后的语言学和认知因素，从而获得对学习过程更为深入的了解。

2.错误分析的步骤

（1）采集样本。为进行有效的错误分析，首先需要采集样本。采样方式可以分为两种主要类型，即自然采样和诱导采样。自然采样的优点在于它能够捕捉到学生实际学习情况，这为研究提供了高度可靠的数据。而诱导采样更具针对性，更容易满足研究特定目的的需求，但在数据真实性方面可能稍显不足。

为了更好地理解学生的语言习得过程，根据其学习特点可将采样方式进一步细分为纵向采样和横向采样。纵向采样有助于获取长时间内学生的错误样本，从而提供了一种更系统的分析视角。横向采样则关注学生在特定学习阶段产生的错误样本，具有更强的针对性。需要注意的是，横向采样无法完全反映学生在长期学习过程中的全部错误情况，因此在某种程度上存在局限性。

（2）识别错误。识别错误是错误分析的关键环节之一，涵盖了书面语和口语两个方面。在书面语方面，识别错误的主要目标是确定文本是否符合语法规范。这包括检查拼写、语法结构、标点符号等方面的错误。错误的识别依赖于对目标语言规则的了解，并具备强大的语言感知能力。通过比对文本与语法规则的一致性，教师可以辨别出错误的存在并进行详细分析。与书面语错误不同，口语错误的识别需要将口语语料放置在特定的语境环境中进行验证。口语错误的判断不仅依赖于语法规范，还需要考虑和衡量与特定场景、目的和听众的匹配程度。例如，在非正式的对话中，人们可能更容忍一些口语化、非正式的表达方式，而在正式场合，对语法和用词的准确性要求则更高。

错误的识别是一项复杂且具有挑战性的任务。即使研究者具备相对系统的目标语言规则和强大的语言感知能力，也不能保证对所有错误都能做出准确的判断。因为语言错误通常具有一定的抽象性，其识别和判断涉及多种复杂因素。例如，有些错误可能是语言习惯造成的，而非真正的错误；有些错误可能是因为使用者意图表达特定风格或情感而故意选择了非标准表达。因此，错误的识别需要谨慎并考虑多种可能性。要有效地识别错误，研究者可以结合一些工具和技术来辅助分析，如语法检查软件、语料库查询和语言模型等。这些工具可以提供有关错误类型和出现频率的统计信息，帮助研究者更全面地了解错误的特征和趋势。同时，对于某些错误，教师需要结合上下文、语义和语用因素来进行综合判断。

（3）描述错误。描述错误是语言学中的一种研究方法，旨在详细观察和分析语言学生（特别是二语学生）在学习和使用目标语言时所犯的错误。通过对错误的描述，可以了解学生的语言发展过程，识别他们在知识和理解上存在的缺失和误解。错误描述的目的是帮助教师和研究人员理解学生在哪些方面遇到困难，以便提供针对性的教学策略和材料。在描述错误中，研究者通常关注学生在不同语言层面上的错误，包括词汇、语法、拼写和发音等方面。词汇错误涉及使用错误的单词或词汇选择不准确，语法错误涉及句子结构或成分顺序的错误，拼写错误涉及书写单词时的错误，发音错误涉及语音和语调的不准确。

描述错误有助于揭示学生的语言习得模式和个体差异，促进语言教学的个性化和差异化，以满足学生的需求。此外，描述错误也为二语习得理论的发展提供了实证研究的依据，以丰富和完善对语言习得过程的理解。

（4）解释错误。解释错误是一个深奥且复杂的学术领域。它指的是深入分析错误来源以及解释其产生原因的过程。当人们在各种情境中遇到错误时，为了深入了解并解决这些问题，人们首先需要找到其背后的原因。通常解释错误不仅是找出一个具体的错误，还是对该错误的全面理解。此领域主要涵盖了两大学科：语言学和心理学。语言学着重于研究语言的本质、结构和发展，从而深入探讨语言错误的来源和原因。例如，一个人在说英语时可能会使用错误的语法结构或者词汇，这些很可能是由于他的母语与英语有结构上的差异。而心理学则更多地关注个体的思维过程、情感和认知结构，它有助于解释为什么人会犯错，以及在什么情境下更容易出错。

在错误分析中，了解学生的学习状态是非常重要的。不同的学生由于其背景、学习经历、认知结构以及其他个体差异，犯错的原因可能会有很大的差异。例如，一个刚刚开始学习新语言的学生和一个已经学了很久但停滞不前的学生，他们犯的错误可能完全不同，背后的原因也会有很大差异。只有采用合适的研究方法，才能确保得出的结论是准确和有价值的。这可能涉及多种数据收集方法，如观察、访谈、测试等，以及数据分析技巧的运用，如定量和定性分析。

（5）评价错误。评价错误是指从听众或读者的角度对错误进行评估，并意识到错误对理解的影响程度。这些错误的影响力取决于错误的性质。有些错误可能会严重影响语言交流的效果，而有些错误可能对理解的影响较小。因此，错误的影响可以分为全局性影响和局部性影响。

全局性错误是指会对整个语境的理解产生重大影响的错误。当听众或读者遇到全局性错误时，他们可能会对整个信息的意义产生困惑或误解。这种错误可能会导致听众或读者对原本要传达的信息产生错误的理解。举个例子，如果一位演讲者在一次演讲中犯下了关于时间和地点的错误，那么听众在接收信息时可能会因为这个错误而对整个事件的背景产生误解。

与全局性错误相反，局部性错误是指人只在某一具体方面产生误解的错误。这种错误通常只会影响到一部分信息的理解，而不会对整个语境的理解产生重大影响。举个例子，如果一篇文章中存在一处错别字，那么读者在阅读时可能会在该处停顿一下，但这个错误不太可能阻碍他对全文的理解。

评价错误的影响力与评价主体的角度以及受评价主体所表达的语言方式密切相关。评价错误往往涉及主观的判断和语言使用的规范性。不同的人对错误可能有不同的敏感度和关注程度。一些人可能对语法错误更加敏感，而另一些人可能更关注信息的准确性和完整性。因此，从不同的听众或读者的角度来评估错误可能会得出不同的结论。此外，受评价主体所表达的语言方式也会影响错误的评价。一些人可能更注重正式的语言使用，他们可能不赞同使用非正式或口语化的表达，认为这样的表达方式是错误的。然而，对于某些特定的语境或情境，非正式的表达方式可能是有效的，并不一定是错误的。

（二）错误分析理论下的英语教学策略

1. 比较英汉思维

语言是思维的载体，思维是语言的基础。对英汉两种语言进行比较研究，在包括思维方式和表达结构这些领域识别出两种语言完全相同的部分、不完全相同的部分及完全不同的部分。比较英汉思维有助于学生更加有效地学习英语，对相同部分直接运用，在不完全相同的部分找出共性与差异性。

2. 扩大英语输入量

学生学习语言的途径涵盖了语言的输入过程。输入过程就是语言学生接触和理解源语料的过程。输入方式可以分为单向输入和双向输入，单向输入指的是学生从外部资源获取语言材料，而双向输入指的是在语言习得过程中来源者和输出者之间的服从行为。

扩大英语接触面的途径丰富多样，如阅读英文的原文书籍、报纸等书面语料，又或者从视听语料中获取英语输入。在二语的习得中，语言的输入是首要的一步，通过语言的输入，学生可以开阔视野、丰富知识、锻炼思维，最重要的是了解英汉语言文化的差异，尽可能减少因文化差异引发的负面迁移效应。最后，扩大输入的终极目的是更好地进行语言输出。

3.加强语言语法基础教学

英语语法是整个语言体系的基础，因此，在基础英语教学阶段，对此类内容的授课和训练应得到优先阐释及实操。英语语法教学不仅包括词法教学，也包括句法教学。前者包含了如动词等十大词类的教学，其中动词部分额外划分为时态和语态教学，而句法教学则包括简单句、复合句及并列句教学内容。

深化语言语法基础教学可以使学生接触全面系统的英语语法规则体系。而反复专项强化训练使学生深度内化这一套语言体系。这就意味着学生真正熟练掌握这套语言体系，并能最终在应用语言的过程中做到得体恰当。这一习得过程是全面的，涵盖了从学生学习到掌握再到运用这一语言体系。实践表明，只有过硬的语法基础和系统的语言知识的学生，才能在接下来的学习过程中更少犯错。教师在英语教学过程中，更应强化对语法基础的教学。

第三章
信息化时代与高校英语教学的关系及高校英语教学的理念

第一节　信息化时代与高校英语教学的关系

一、信息技术对高校英语教学的具体影响

（一）与传统课堂的碰撞与对接

1. 与传统课堂的碰撞

现代高等院校英语教学在信息技术教育背景下受到了深刻影响，特别体现在教育理念方面。

（1）难以摆脱的应试教育枷锁。在信息化教育环境下，传统的教学模式已经无法满足现代课堂的需求。当前的高等教育迫切要求学生具备自主学习、自主探索和自主总结的能力，同时培养出良好的学习习惯和思维能力。在教师的指导下，学生应体验概念和规律的探究过程，培养求知的精神。然而实际情况是，在高等英语课堂教学中，许多教师过分强调传授知识，而未能充分关注学生的接受能力和感受，导致学生的主体地位丧失，教师的教学观念尚未得到根本性的转变。由于过分强调学生成绩而忽略了学生综合素质的培养，教师也未能全面考虑学生的全面发展和终身学习能力。盲目追求分数使教育过程过分依赖机械化的知识传授，甚至采取刷题的教学方式，这会让学生丧失探索和解决问题的能力。

要实现教学大纲的要求，必须转变传统的教学观念和方式。唯有如此，才能推动教学形式向更好的方向发展。

（2）信息技术要求革除传统教学理念、教学方法上的弊端。应试教育模式下，不少高校英语教师在教学观念和教学方法上存在问题，这对他们的专业发展有阻碍，同时也影响学生的全面发展。以下三点问题尤为突出。

第一，教师过于将教学作为实现教学目的的工具和方法，即将教学视为单纯的知识输送过程，过度关注教学手段的运用而忽视教学的真正目标。

第二，教师将教学过程理解为教师教和学生学的简单拼接，也就是说，教师将书本知识传授给学生，而学生只是被动地接受，像是将知识灌输给他们一样，将学生置于知识接受者的被动地位。

第三，不少教师在教学中无视学生的主观能动性，与学生的互动交流很少，也未能营造让学生与其他同伴互动的场景。

传统教学模式下的教育教学过程往往阻碍了学生人格的全面发展，使得学生成为"应试器具"，这与教育教学真正的目标是背道而驰的。

在信息技术教育背景下，大学英语教学的发展需要教师转变教育观念。这样的教育模式还要求教师具备良好的信息素养，这对教师的素质和能力提出了更高的要求。换言之，信息技术教育背景下的高校英语教学塑造了教师高素质、高能力的新形象，迫使他们不断地丰富自我，以主导课堂的节奏和进度，并用全方位的视野引领学生探索更广阔的世界。

2. 与传统课堂的对接

虽然传统课堂教学存在自身的问题，但这并不意味着要彻底割舍传统课堂。信息技术与传统课堂的完美融合才是我们所追求的目标。具体而言，可以从以下几方面着手。

（1）学校作息时间安排。信息技术教育背景下的高校英语教学对学生的自主学习时间有一定的需求，因此教师必须在教学时间上进行合理的规划和安排。教师不能过多占用学生的课余时间，需要让学生有足够的时间自学。课后，学生的主要任务是观看教学视频和进行相关的练习。

（2）学科适用性。英语这一学科的涵盖面广阔，涉及多种思维模式与情感交流。因此，教师应确保高质量的教学视频制作，借此精准地为学生呈现关键知识点，进一步阐明相关的学科理论。学生可以在课后自学额外的学术材料，思考其意义，并在课堂上与教师和其他同学讨论，以深入理解相关议题。每个学科都有其独特性，因此，教师需要根据学科特点，探索如何将信息技术与高等教育相结合，同时关注学生的反馈，持续改进教学策略。

（3）教学过程中信息技术的支持。无论是教师制作课程视频还是学生进行在线学习，高校英语教学都依赖于技术的辅助。虽然在线教育在中国得到了广泛的推广和应用，但一些高校仍然面临网络基础设施建设不足的问题。这些问题主要包括宽带速度不稳定、网络连接不可靠等。为了确保信息技术教育模式的顺利推行，高校需要着重解决这些基础性问题。

（4）教师的专业能力。教师不仅要在传统的教育技能上有深厚的积累，还要在技术应用方面有所突破。这意味着，教师除了传统的教育培训外，还需要接受如何制作高品质视频、如何与学生进行线上交流与指导等技术培训。此外，教师应加强对专业理论的研究，提升自身的研究能力，对待每个学生要因材施教，给予个性化的指导。只有在技术和教育双方面都达到一定的水平，教师才能充分利用技术为学生提供更丰富、更深入的教育资源。

（二）应用型人才培养的呼唤

教育领域所面临的问题包括：我们需要培养哪种人才，以及如何去培养他们。为了确保人才培养与社会需求相一致，许多高校坚决选择培养高质量的应用型人才。这一决策源于我国高等教育在产业升级、市场转型和学生就业压力下的需求适应。培养应用型人才不仅有助于经济转型，还能推动人才多元化发展路径的实现。

1.应用型人才培养的目标定位

应用型人才具有三大核心特征。

第一，具有人才的特征。这意味着他们具备高水平的专业知识和技能，能够进行有创意的活动，并为社会进步贡献自己的力量。

第二，具有应用型的特征。与学术型或技能型人才相比，培养应用型人才的主要目标是满足基层的实际需求。他们不仅有坚实的学术基础，而且动手能力强，善于将理论知识与实际相结合。

第三，具有创新性特征。在一个日新月异、信息爆炸的时代，应用型人才必须具备开阔的眼界，能够进行逆向思考、发散性思考，并有勇气将自己的点子实现。

基于此，为应用型人才培育设定的目标强调了"厚实的基础、广泛的知识视野、强烈的应用意识和卓越的创新能力"。知识结构的搭建着重于新技术和新理论在实际行业中的应用。在能力培养上，重视培养学生的领导力、组织能力等，同时激发其创新思维和创新意识。在塑造其人格品质上，鼓励他们具备好奇心，强调团队精神和合作意识。

在当前的社会经济环境下，高校肩负着为社会输送具备多方面能力和专业素养的人才的重任。这就要求教师不仅需要深刻理解社会、经济和技术的发展趋势，还需将这些洞见有效地融入教学实践中，以确保学生能够顺利地从学术界走向职场。

面对日益复杂的社会环境和不断变化的职场需求，教师必须从能力导向的教学模式出发，培育具有实际应用价值的高素质人才。这不仅要求教师在教学内容、教学方法等方面进行持续地优化和创新，还需要深入挖掘和激发学生的学习兴趣，帮助他们掌握坚实的专业理论和实践技能。同时，教师需要培养学生科学的思维习惯和批判性思考能力，以确保他们在面对各种问题和挑战时，能够自主判断、理性分析，并勇于创新。

在规划学生未来职业路径的过程中，教师需要展现前瞻性的思考。由于信息技术的快速发展和人力资源市场的不断变化，某些传统职位将逐渐被淘汰或替代。因此，教师需要重点培养学生的适应性、创新能力和核心竞争力，这些都是未来社会对人才需求中不可或缺的元素。通过课程设计和教学实践，教师应当锐意引导学生形成持续学习的习惯，以适应未来不断变化的工作环境。

2. 应用型人才培养对课堂教学的要求

在课堂教学这一核心环节，应用型人才培养的要求将呈现出更为明确和具体的方向。一方面，教学内容应与实际应用需求紧密结合，以确保学生所学知识能够直接转化为生产力。另一方面，教学方法也需逐步从传统的知识传授模式转变为以实践和应用为核心的教学模式。具体而言，教师可以从以下三个方面着手。

第一，在教学内容上，应当强调与实际应用密切相关的知识和技能，而不是纠结于理论知识是否全面或逻辑是否严密。这不意味着忽视基础理论，而是在扎实的理论基础上，加强应用性知识的教授，使学生能够在真实环境中运用所学，体现其实际价值。

第二，在教学方法上，应当强调启发式和实践性教学，如通过案例分析、模拟操作和小组讨论等方法，来激发学生的学习兴趣和主动性，提高他们解决问题的能力。此外，教师还应该运用多媒体和网络资源，满足学生个性化和多元化的学习需求。

第三，在时空维度上，教师应该不断拓展课堂的边界，引导学生参与专业相关的各种实践活动，以获得更为广泛和深入的学习和训练。

（三）对高校英语课程相关要素的影响

1. 对高校英语教师的影响

信息技术的快速发展对高等教育，尤其是高校英语教学，带来了深远的影响，这一趋势不容忽视。

一方面，信息技术的发展不仅提供了教学资源，还在挑战传统的教学模式和教育观念。新媒体和信息技术的兴起已经改变了学生获取信息和知识的方式。学生更倾向于通过互联网获取信息，而不仅依赖教师提供的传统课堂讲授。

另一方面，高校英语教师需要具备信息筛选、整合和应用的能力。他们需要了解如何评估在线资源的质量和可靠性，以指导学生选择最适合他们学习需求的资料。此外，教师还需要教授学生如何有效地使用信息技术来提高他们的英语技能。这可能包括如何使用在线工具进行语言学习，如何通过参与在线英语社区提高口语表达能力等方面的指导。

2. 对高校学生自身的影响

信息技术的教学应用对高校生的影响如下。

（1）在信息技术高速发展的当下，大学生成了这一技术浪潮的首要受益者。由于教育信息技术提供了更加个性化和多元化的学习路径，学生能依据自己的学习风格和知识水平来选择最适合自己的学习节奏和方法，从而在更加舒适的环境下达到更好的学习效果。

（2）信息技术的发展对学生信息获取和表达方式产生了深刻的影响。这为学生提供了更多信息来源和多媒体表达的机会，有助于培养他们在现代社会中所需的综合素质。但是，学生也需要面对挑战，包括信息可信度的评估和批判性思维能力的培养。高校教育需要适应这一变化，为学生提供必要的指导和培训，以帮助他们更好地应对信息时代的要求。

（3）在信息化社会背景下，不仅教师需要适应新的教育模式，学生也需要培养更高层次的信息素养和自主学习能力。这表现在学生不仅应具备与时俱进的思维观念和教育意识，还应该具有运用现代教育技术的实际操作能力。

信息发展对教学的影响不应局限于上述三个方面，信息技术不仅改变了教育教学的形式和手段，也在思想、内容和管理层面对教育现代化发展起到了积极的推动作用。这种现代化教育旨在培养具有创新精神和实践能力的人才，满足社会和经济的多样化需求。

3.对高校英语课程资源的影响

信息技术的发展与应用推动了优秀学习资源的共享，学校、公益组织、个人都参与到教学资源共享的过程中来。当前，高校英语教学课程共享类资源主要有以下四类。

（1）中国开放式教育资源（China Open Resources for Education，CORE）。CORE作为中国开放式教育资源的推广平台，通过教育创新和国际交流，不断提高中国教育的质量，并将中国的优质教育资源推广到全球，实现教育资源的积极交流与共享。CORE的发展为学生提供了更广泛的学习机会和资源选择，同时也促进了全球教育的发展和进步。通过引入先进的教学技术和工具，如在线教育平台、虚拟实验室、智能辅助学习系统等，可以提升学习效果和学习体验，激发学生的学习兴趣和创造力。

CORE在推动中国优质教育资源的全球推广方面，还面临一些挑战。例如，如何保证教育资源的质量和可靠性，如何适应跨文化的教学环境，如何处理知识产权和版权。这需要CORE与相关合作伙伴和权益相关者共同努力，建立更加开放和共享的教育环境，促进教育资源的公正和可持续发展。

（2）开放式课程计划（Open Online Platform for Students，OOPS）。OOPS旨在促进高等教育的全球化与共享。该计划的目标是将国外一流高校的开放课程资源翻译成中文，并制作成适合中国师生的教学课程。通过OOPS，中国的师生可以更好地享受到优质的教学资源和学习机会。

OOPS的背景可以追溯到教育领域中的开放教育资源运动。开放教育资源（Open Educational Resources，OER）是指可以自由获取、使用和共享的教育资源，包括课程材料、讲义、教学视频等。OER的出现大大改变了传统教育的格局，让知识和学习更加开放与普及。在这个背景下，OOPS应运而生，旨在为中国师生提供优质开放教育资源。通过与国外一流高校开展合作，OOPS团队将这些高校的开放课程进行翻译，并将其制作成中文课程。这样一来，中国的师生就能够在自己的母语环境中学习来自全球顶尖学府的知识。

OOPS涉及多个环节和合作方式。首先，OOPS团队需要筛选和选择适合的开放课程资源，这涉及与国外高校的合作与沟通，以获取他们的授权和支持。其次，团队会将这些课程资源进行翻译和本土化，确保其能够适应中国的教学环境和学生需求。最后，通过网络平台或在线课程管理系统，将这些课程资源提供给中国的师生，使他们能够随时随地进行学习和获取知识。

OOPS的推出给中国的师生带来了许多益处。首先，他们可以充分利用全球一流高校的教育资源，接触到最新的学术知识和前沿领域的研究成果。这有助于提升他们的学术水平和专业素养。其次，OOPS使得教育资源的获取更加平等和开放，打破了地域和经济限制，让更多人能够享受到优质教育资源。此外，通过与国外高校进行合作，OOPS也促进了国际化教育的交流与合作，推动了全球教育的发展。

（3）开放式课程（Open Course Ware，OCW）。OCW 是一种教育资源共享的模式。它指的是全球优秀学校将本校开设的全部课程资料和课件在互联网上公开发布，供全球范围内的人自由下载、参考和学习。

OCW 的目标是促进教育资源的全球共享与互联互通。通过开放课程资料的发布，OCW 使得高质量的教育资源可以跨越地域和时间的限制，使有需要的人可以随时随地获取学习资料。这为学生提供了更加灵活自主的学习机会，同时也促进了教育的公平与普及。

通过 OCW，学生可以在自己感兴趣或需要深入学习的领域中，找到相关课程的教学资料，包括课程大纲、讲义、教学视频等。这有助于个人的自主学习和知识积累。另外，教师也可以从别人的教学设计和教学资源中获得灵感和借鉴，提升自己的教学水平和教学方法。

（4）网易公开课。网易公开课是一个知名的在线教育平台，致力于向广大学习者提供高质量的教育内容和学习资源。它由中国互联网公司网易创办，并于 2008 年正式上线运营。它涵盖了多个学科领域，包括文学、历史、艺术、科学、经济、管理等，满足了不同学习者的需求。

网易公开课以开放共享为宗旨，提供免费的教育资源，任何人都可以通过互联网访问和学习。学生可以在线观看课程视频阅读相关资料参与在线讨论。这种开放的教育模式使得学习更加灵活便捷，突破了时间和地域的限制，适应了现代人的学习需求。

网易公开课合作伙伴包括国内外的一流高校和知名教育机构，如清华大学、北京大学、哈佛大学、麻省理工学院等。通过与这些机构的合作，网易公开课引入了一流的教学资源和专家团队，保证了教育内容的质量和可靠性。

除了提供学习资源，网易公开课还致力于搭建学习者与专家、学者之间的互动平台。学生可以通过在线讨论和问答环节与教师和其他学员进行交流和互动。这种互动模式有助于提升学习效果，促进知识的深入理解和应用。

网易公开课提供了一个开放、多样化的学习平台，为学生提供了全面、系统的知识学习机会。无论是提升专业技能、丰富兴趣爱好，还是拓宽知识面，学生都能从中受益。

二、信息化背景下高校英语教学的意义与目标

目前，社会对教学质量和教育成果的关注日益增加，因此实现教学质量的优化和提高成为当务之急。只有与时俱进，将信息技术融入英语教学之中，方能使教学过程更具吸引力和实效。

（一）信息技术教育背景下高校英语教学的意义

1. 改变教育理念

在数字化时代的背景之下，高校英语教学已从"以教师为中心"转向"以学生为中心"。在这种新的教学模式下，如慕课、微课、翻转课堂等都应运而生。慕课、微课和翻转课堂等新的教学模式鼓励学生更加积极地参与学习过程，强调他们的自主性和互动性。这些模式不仅有助于学生更好地掌握知识，还培养了他们在现代社会中所需的自我管理、协作和跨文化交流等综合素质。学生在自主、积极的学习环境中会更有学习的动力与兴趣。

2. 革新教学流程

数字化时代对高校英语教学流程产生了深刻的影响。传统的知识传递模式已逐渐为先进的、以学生为主导的互动模式所取代。学生可在课前通

过多媒体资源自行掌握基础知识，课堂时间则更多地用于深度讨论与实践应用。这种模式的益处主要有以下两点。

（1）学生能够根据自己的节奏和能力进行自主学习，不再受到固定教学进度的限制。这有助于解决不同水平学生的个体化需求，确保每位学生都能获得适合自己的学习体验。

（2）学生对于学习目标的实现更为明确和具体。依据布鲁姆的学习目标分类，数字化教学背景下的高校英语教学可以确保每一个环节都得到充分的关注。课前的自主学习主要针对知识的理解与记忆，学生可根据自己的实际情况进行调整；而课堂上更多的时间用于复杂的分析和应用环节，这样学生在教师和同学的协助下能够更深入地掌握与运用知识。

3. 转变师生角色

在传统的教学模式中，教师通常扮演着知识的传递者，而学生则是知识的接收者。然而，在信息技术日益普及的今天，这种师生关系正逐渐发生改变。教师不再是单一的知识传播者，而是逐渐转变为学生学习过程中的引导者和服务提供者。与此同时，学生也从被动的信息接收者转变为积极参与、自主探索的学习者。

4. 转换育人的本质与目标

不仅是教学过程和教育观念正在发生变化，更重要的是，教育的本质和目标也正在经历重构。在信息技术教育飞速发展的背景下，高等教育英语课堂正在经历着深刻的变革，以适应社会信息化需求。这一变革涉及教学环境和教学形态的全面重塑，以更好地满足学生和社会的需求。这不仅是教学手段的变更，更是一场深层次的教育观念和目标的革新。

5. 匹配学习的活动与环境

在教学模式转变的过程中，学习活动与学习环境的匹配问题变得尤为重要。根据学习过程中是否需要交流与协作，学习方式可被划分为个体学习和集体学习两类。个体学习强调独立思考，通常适用于"知识传授"；集体学习则以协作和交流为主，更侧重于"知识内化"。与此对应，学习环境也可被分为私人环境和公共环境。私人环境，如家庭，通常适合个体学习，因其环境安静、干扰少；而公共环境，如课堂和图书馆，则更适用于集体学习，因为这些场所更便于交流和协作。

信息技术的普及使得高等教育英语课堂能够在个体学习与集体学习、个人环境与公共环境之间做到高度匹配。这不仅体现在集体学习的内容与集体学习的环境得到良好的结合，也实现了个体学习的内容与个体学习的环境达到高度统一。可以说，这一整合是信息技术教育背景下高等教育英语教学最具潜力和最显著的特色。

（二）信息技术教育背景下高校英语教学的目标

1. 激发学生的问题意识

人类从出生开始就充满了对未知的好奇，这种好奇心是推动我们探索的基石。这种好奇心在学术领域表现为对问题的敏感性。真正的学术追求并不是简单地接受已知，而是挑战未知，探索真实。

在高等教育的英语教学中，教师应该将问题作为教学的核心，引导学生识别、提出并解决问题。这不仅是对语言的学习，更多的是对学术前沿和现实问题的思考和探索。教师需要与学生共同探讨与现实密切相关的问题，培养学生的研究能力和创新精神，同时，创造一个自由、开放的学习氛围也至关重要，鼓励学生与教师或同学之间的交流与合作，以深化对问题的理解。

2. 转变学生的学习方式

在信息化背景下，传统的学习方法已经难以满足学生的需求。新的学习方式要求学生更为主动、灵活，并与社会的需求相结合，这样才能培养出符合社会发展需要的应用型人才。具体来说，主要可以从如下四点考虑。

第一，倡导自主探究式学习。这意味着学生需要对自己的学习进度和方式拥有更多的控制权，挑战过时的学习方法，成为学习过程的真正主人。自主探究式学习也需要学生具备一定的学习和研究技能，同时需要教师提供指导和支持，以确保学生在自主学习过程中取得成功。学校可以提供资源、培训和反馈机制，帮助学生发展自主探究式学习所需的能力。

第二，推动学生进行团队合作式学习。学生需要学会与他人合作，与教师和同学共同探讨和解决问题，以获得更加全面和深入的理解。教师在推动团队合作式学习时应提供支持和指导，确保学生能够有效地合作。这可能包括教授团队协作技巧，设定清晰的目标和期望，提供反馈和评估等。此外，为了确保学生能够积极参与团队合作，教师还可以选择适当的项目和任务，以激发学生的兴趣和动力。

第三，实施应用情境式教学。应用情境式教学是一种注重将学习置于真实或模拟的实际情境中的教育方法。这种方法旨在帮助学生将所学知识和技能应用到实际问题和情境中，从而提高他们的学习效果和认知体验。

第四，关注学生的在线学习与移动学习。随着网络技术的迅速发展，学生的学习资源变得日益丰富。线上学习和移动学习为学生提供了更加灵活和便捷的学习方式，使他们可以在任何地方、任何时间获得知识。

3. 促进学生的深度学习

深度学习超越了简单的知识积累，它代表了一种积极的认知过程，在对已有知识的理解基础上，包括批判性思考和吸收新知识，将新旧知识融合在一起，以建立有机的知识网络。此外，学生需要展现出能够机动运用已掌握知识以应对新的实际情境并实现知识的有机迁移和独立思考的能力。

在当前的教育环境中，高校应积极采取措施，以创造促进深度学习的课堂环境。这意味着教室不再只是知识传授的地方，而是学生深度整合和研究的平台。为达成这一目标，需要推广更多具备互动和批判性思维的教学方法，以鼓励学生在解决实际问题时深入思考和反思。

在教学过程中，教师应着力培养学生的理性思维和创新能力。要实现这一目标，教师需创设真实问题解决和深度学习环境，引导学生逐渐将所学知识内化并应用，以更好地培养他们的独立思考能力和创新潜力。

4. 强调学生学习的责任

在当前的教育背景下，培养适应社会需求的应用型人才尤为重要，这需要强调和培养学生的学习责任感。这意味着学生应主动承担在学习过程中的责任，真正成为学习的主体和积极的参与者。学生不仅是知识的接受者，他们应在教学过程中积极参与，主动探索知识。这种变革意味着教育重点从"教"向"学"转变，使学生成为课堂教学活动的核心。在这个过程中，教师不仅传授知识，更强调学生的主动学习，实现真正的师生协作教学和学习。

在信息技术时代的高校英语教学中，激发学生的学习积极性和主动性尤为重要。教师应指导学生合理分配精力和时间以避免盲目学习，努力构建更自主和探索性的学习方式。同时，教师还应给予学生更多的学习自主权，包括选择学习内容和策略，以更好地发挥他们的主观能动性和学习潜力。

5. 培养学生的核心素养

人应该必备的能力与品质就在于核心素养。核心素养的提出主要包含如下四个层面：一是考虑到个人未来的成长道路充满了不确定性，受教育阶段的重点应该放在培养个体的关键能力和必备品格上，而不仅是知识的获取。二是面对知识呈现几何级数增长和学生能力分化升级的现实，学校教育无法涵盖所有知识和技能。因此，教育应更注重培养学生学会学习和适应变化的能力。三是社会生活的复杂性和价值观的多元性使学校教育面临众多挑战。尽管学校无法解决所有教育问题，但它可以培养学生具备批判性思维和独立判断的能力。四是学校教育的焦点应该集中在培养学生的基备品格和关键能力上，以确保他们具备未来社会中所需的基本素养。在语言教学中，核心素养主要包含如下三个方面。

（1）语言能力。语言是构建社会交往的基础工具，学生需要在具体的社会情境中运用有效的语言能力进行理解和表达。语言能力是学生核心素养的体现，包括听、说、读、写、译以及数据和图表的识别与处理。听力技能在语言能力中扮演着至关重要的角色。学生需要能够聆听并理解他人的口头表达，包括适应不同口音和语速。这不仅有助于他们更好地理解他人的意思，还培养了他们倾听和领悟的能力，这在社会互动中非常重要。口头表达，也就是说的能力，对于学生来说同样至关重要。他们需要能够清晰地、准确地表达自己的思想和观点，无论是在课堂上的讨论还是日常社交中。他们不仅需要正确运用语法和词汇，还需要拥有流利和有说服力的沟通能力。阅读能力是另一个重要的方面，因为通过阅读，学生可以获取信息，理解不同观点和扩展知识面。阅读理解不仅涵盖了语言的表面理解，还包括了对文本背后的深层含义和作者意图的分析。这种能力培养了文学素养和批判性思维。写作技能是学生核心素养的一个重要方面。学生需要能够以清晰、有逻辑性的方式书写，表达自己的观点和想法。写作能力不仅在学术领域中重要，也在学生职业生涯和日常生活中具有重要价值。数据和图表的识别与处理能力是 21 世纪学生核心素养中的新要求。在信息时代，学生需要能够有效地解读和分析各种形式的数据，从而做出明智的决策和发表观点。

（2）文化品格。文化品格是一个人在社会互动中展现出来的文化素养和价值观。它不仅包括了解一种情感态度和文化现象，还涉及对社会文化现象的敏感性以及如何将这些理解融入自己的文化立场和态度中。在语言教学中，培养文化品格是非常重要的，因为语言不仅是词汇和语法的组合，还承载着文化、历史和社会背景。核心素养的提升意味着更加全面地思考语言的使用，特别是在多元文化的背景下。这包括了对不同文化之间的对比。通过了解中西方文化差异，学生可以更好地理解世界的多样性，培养跨文化交流的能力。这种对比也有助于学生更好地理解自己所处的文化，从而更加自信和自强。

（3）思维品质。思维品质在英语学习中的作用不同于通常的语言和思维技巧。这一概念反映了教育体系中立德树人理念的具体应用，同时也与高校英语教学改革的目标相契合。创新能力、合作能力和信息素养等思维品质成为人才核心素养，是学生面对未来挑战的关键要素。因此，在教育中，教师必须着眼于培养学生的思维品质，以适应日益多元化和全球化的社会需求。

随着全球化的深入，各国对于学生核心素养的理解和要求存在一定程度的共通性。国际组织以及各国在核心素养指标的制定中都强调了信息素养、创新能力、社会贡献和国际视野等方面的重要性。然而，各国的社会背景和国情因素会影响到核心素养的需求和内容，这为教育和教学提供了多样化的参考和思考依据。这种差异性需要在制定教育政策和教学计划时得以充分考虑，以确保教育体系能够切实满足不同地区和文化的需求，培养出具备全球视野和跨文化沟通能力的学生，以便他们可以更好地适应多元化的世界。

6.增强学生的学习体验

每个人的学习发展都具有鲜明的个性特色,对此,高校教育应在尊重学生个体差异的基础上,关注并提升学生的学习体验。教师应当努力为学生提供更多的锻炼机会,激发他们的学习动力,唤醒他们对新知识探索的渴求。然而,目前在很多高校中,评价体系的重点在于选拔和区分,而忽视了评价本质上的引导和激发功能。成果导向使得优秀学生能够收获愉快的学习体验,但那些成绩不太理想的学生往往会失去学习的兴趣。因此,在整个教学过程中,教师需要反思和研究他们所采用的教学方法是否能满足学生的个性化需要,是否能利用丰富多样的教学技巧和手段,增强学生的学习体验,真正实现师生、生生间的深度互动。除此之外,教师还需注重科学的评价方式,使学生更好地体验到学习的快乐,感受到身心成长的喜悦,激发他们学习的积极性。

三、信息化背景下高校英语教学的优势与挑战

随着信息技术的飞速发展,信息技术与高校英语教学的结合正在逐渐显现出其固有的优势和潜力。但同时,结合过程中也会出现越来越多的问题和挑战,这些是在信息化背景下,英语教学适应和发展的必然表现。

(一)信息技术教育背景下高校英语教学的优势

信息技术与高校英语教学融合的初衷在于满足学生未来的需求,对于这种融合的应用和发展,首先需要深入理解和剖析其具体的优势。

1.提高教师工作效率

随着计算机技术在教育领域的广泛应用,教师的教学管理和教学研究能力得到了极大的提高。这不仅体现在常规的教学设计、成绩管理、资源检索等方面,更表现在一个全面、高效的数字化教学过程。

在高等教育中，英语教师不仅可以通过网络服务器分享备课资源，还能实时监控学生的在线学习行为，根据其表现及时调整教学策略。而在作业评分方面，计算机自动化评分系统可为客观题目提供快速、准确的分数；对于主观题型，教师可以借助特定的教学软件来辅助批注与评分。这一变革使教师能够将更多的精力投入教学研究中。

2. 发挥学生主体作用

随着信息技术与教育的深度融合，学生在学习过程中的主体性更为突出。他们可以根据自己的节奏和需求制定个性化的学习路径，利用数字工具调整学习速度和策略。遇到困惑时，学生能够及时寻求答案、填补知识盲点，形成自主解决问题的能力。

当学生对某个知识点有较高的掌握度，他们可以加速学习，挑战更深层次的内容。借助数字资源，学生可在任何地点、任何时刻获取教学资料，有针对性地进行复习和提高。此外，线上交流平台提供了学生与教师沟通的渠道，学生可以直接与教师探讨学术问题，并得到及时反馈。

英语教学不仅注重理论知识的传授，更强调实际应用能力培养。在传统的教学环境中，学生往往因为心理障碍、害羞或自信心不足而避免在公众场合发言或参与互动。但在数字化教学背景下，线上的非面对面交流模式大大降低了学生的社交焦虑，方便他们更加积极参与讨论。

丰富的数字化教学资源为学生带来了全新的学习体验。文字、图片、动画和声音的完美结合，使教学内容更加生动、真实。这种富有吸引力的学习环境，极大地增强了学生的学习兴趣和积极性。

3. 提供丰富资源信息

在现代高校英语教学与信息技术相结合的过程中，教师面临诸多挑战。为了确保教学效果最大化，他们需要对学生的背景和需求进行深入了解，并充分挖掘各类可用的教学资源，以制定个性化的课程设计。考虑到国际信息技术领域主要使用英语交流，网络上存有丰富的多媒体资源可供利用。这些资源，包括定制化的教育资料和最新的国际报道，为学生提供了宝贵的第一手英语学习材料。

（二）信息技术教育背景下高校英语教学的挑战

信息技术突破了传统教学的时空限制，为学生提供了一个更为开放与自由的学习空间。这种转变使得教学方法也呈现出个性化、多样化和社交化的特点，而教学的形式和时间也变得更为灵活。然而，如何在这种环境下有效利用信息技术，确保教学质量，对教师和学生均是一个新的挑战。

1. 对学生的全面发展提出了要求

学生始终是教学的中心，教师在决策时必须充分考虑学生的整体需求和特点。在教学活动中，学生的角色并不限于被动的接受者，而是应该具有对教育内容和方式选择的权利。教学活动中学生的主体性地位主要表现在以下三个方面。

第一，对于教学内容和方法的选择。学生并不是无条件地接受教学内容，他们可根据自身的主观意愿和需求，有权利选择接受或拒绝某些教学内容或方法。

第二，在现代教育中，强调学生对课程内容的主动参与和选择，是体现学生主体性的重要方式之一。学生应该有机会选择课程内容，但也需要明确教育目标和接受教育专家的指导。这样能够在保证学生的主体性得到充分发挥的同时，确保他们的学习选择与整体教育的要求相一致。

第三，学习过程中的主动性和参与性。学生的学习活动应当是主动的、有意识的和自我驱动的。教师的任务是引导学生在学习中发挥他们的主观能动性，使他们能够利用已有的知识和经验来理解和吸收新的知识。

在教育信息化背景下，学生除了需要掌握基本的学科知识外，还须具备信息技术的相关技能，如良好的信息识别能力、信息处理能力和信息应用能力。为了满足这一需求，教师在教学设计中，必须注重培养学生的信息技术能力，确保他们在未来的学习和工作中能够有效应对各种挑战。因此，高校及教师必须对以下关键环节给予充分重视。

（1）营造信息环境，强化学生信息意识。在当下教育信息化的时代，学生不仅要能够熟练地操作技术，更要具备从海量信息中筛选、整合、分析并有效利用信息的能力。借助于现代教育技术，教师应将信息技能整合到日常课程与实践活动中，通过广播、网络等多种媒介，构建一个让学生可以自由探索、交流、创新的环境。

（2）加大信息能力类课程建设，完善课程体系。学校对于学生信息技能的培养具有重要的责任和义务。除了传统的基础课程，学校还应该增设一系列公共课程，专门培养学生的信息搜索、筛选、分析等方面的能力，以满足信息时代学生的学术和社会需求。通过系统性的训练，学校可以帮助学生掌握关键的信息素养和信息技能，使他们能够在信息爆炸的环境中迅速有效地获取所需信息。

（3）发挥学校图书馆信息库职能，为学生提供信息服务与保障。随着信息技术的不断发展，图书馆不再仅是传统的纸质书籍的存放地，它还应当成为学生获取、使用和分享电子信息资源的重要场所。学校应投入资源，加强图书馆的数字化建设，不仅要建立丰富的电子资源库，还要建立方便学生随时查阅和下载资源的平台，如移动图书馆、个人化资源推荐等。

2. 对师生的有效互动提出了要求

（1）传统教学中师生的"有限互动"。在教室内的上课过程中，教师与学生首要任务是完成本次课程的教学任务，然后才能展开课外学习内容的交流。因此，学校各教学场所师生之间的交流受到限制，主要表现为教师讲授、学生听取的模式。一节课结束后，师生之间的交流与互动仅有点名提问，缺乏师生间的探索和讨论互动。许多教师在完成教学工作后，会忙于其他事务（如科研），无法抽出时间与学生交流。

师生交流的有限性在课外更加明显。调查发现，许多学生在课余时间很难与教师接触，即便有机会交流，交流形式也常常是单向的和不愉快的。上述情况充分表明，学校师生之间存在着交流障碍。这些障碍既有主观和客观原因，也受到教学安排的局限性以及教育技术限制的影响。因此，在课外，教师与学生缺乏交流与沟通的平台。

（2）网络教学中学生的"线上沉默"。网络教学是现代教育中一种重要的教学模式。然而，学生的"线上沉默"现象是该模式中常见的问题之一。"线上沉默"是指学生在网络课程中表现出较少的互动和参与，其表达思想和提问的意愿较低。这一现象可能影响学习效果和教学质量，因此值得关注和研究。

导致"线上沉默"现象的原因是多方面的：一是学生在线上环境中常常感到缺乏面对面交流的实时反馈和紧张氛围，这可能导致他们的参与欲望下降。二是在线教学中，教师和学生之间的交流被技术介质所限制，无法像传统教学中那样进行直接、实时的互动。这种限制可能造成学生心理上的障碍，使学生在教学过程中更倾向于保持沉默。三是教学内容的呈现方式。如果教学内容过于枯燥、缺乏趣味性或与学生的实际需求脱节，学生可能会对学习持消极态度，并选择保持沉默。四是教师的互动方式和鼓励程度。教师应该积极引导学生表达自己的观点和疑惑，并及时给予回应和支持，以鼓励学生的参与和互动。

（3）信息环境教学中和谐师生关系的构建策略。

①遵循教育教学规律。无论教学模式怎么改变，教学都必须遵循客观教学规律，这一点在传统教学中如此，在新时期的信息化教学中也是如此。教学内容和方式应该符合学生的认知发展规律、年龄特点，并尊重教学过程的普适性。教师不能为了追求新颖而损害了教学的真实效果。网络教学环境中，教师和学生之间的关系更加平等，这就要求教师在教学设计中，要在互尊、互助和互信的环境中引导学生进行学习和成长。

②重视师生多元互动。网络教学环境中，虽然教师与学生间的互动突破了时空限制，但也要注意到学生之间的互动同样突破了时间和空间的约束。研究显示，在很多情况下，学生之间的互动甚至比师生之间的互动更加频繁和深入。所以，教师应积极鼓励学生在线上线下的多元互动，包括讨论、探索以及合作学习，这样不仅有利于提升学生的学习能力，也有利于师生关系的和谐建设。

3. 对教师的信息素质提出了要求

在当代社会中，以信息技术为代表的快速发展的科学技术对人们生活的诸多领域产生了深远影响，其中包括了教育行业，尤其是高等教育中的英语教学环节，对教师角色的界定和定位有着重要的意义。

科技辅助下的英语教学已经不能仅满足于传统的教学方法，而需要教师具有一定的信息技术素养，以便通过信息技术处理和加工教学信息，从而优化传播方式，并对反馈信息进行有效收集和反馈。因此，深入掌握现代教育信息科技知识，提升教学信息处理的科技层次，已然成为英语教师在现代高校教学环境下必须具备的能力。

信息技术的应用为英语课堂教学带来了新的活力，创造了全新的教学环境和教学模式。教师可以成为引导者、辅导者和模仿者，通过灵活运用信息技术的优势，拓展教学方式和教学手段，激发学生的学习兴趣和主动性，促进他们的学习和成长。教师在信息技术的支持下，积极适应教学环境的变化，提升自身的专业素养和信息化教育能力，为学生提供更加优质的英语教育。

第二节 高校英语信息化教学理念

一、以学生为中心

（一）以学生为中心教学模式中的教师作用

在信息化时代的英语教学背景下，教育的核心已逐渐转向学生。这种变革要求教师不再仅是知识的传递者，而是成为引导者和助力者，充分调动学生学习的积极性。在这样的课堂氛围中，教师在教育过程中需要充分发挥以下作用。

1. 能经常鼓励学生，并引导学生相互尊重

在以学生为核心的教育模式下，教师需要给予学生正面的鼓励和支持，既可以提升学生参与课堂活动的积极性，也可以促进学生在思考和表达方面的自主性。更为重要的是，教师会在引导过程中强调学生间相互尊重和认可的重要性。当教育活动建立在彼此尊重的基础之上，不仅教师与学生的互动会更为和谐，学生之间的交流和合作也会得以深化。在这样的课堂氛围中，教学和学习的效果都将得到显著的提升。

2. 能够有效调控学习活动的开展

教师对学习活动进行的有效调控，在以学生为中心的课堂上，主要体

现在以下两个方面。

（1）保证学习活动能围绕学习目标展开。在以学生为核心的教学模式下，教师不仅需要确保学习活动与教学目标紧密相连，还需要为学生提供一系列实用工具，如表格、记录单等，以便学生能更好地组织和规划自己的学习进程。除了提供物质资源，教师还需在课堂讨论中充当一个倾听者的角色，而不仅是一个传统意义上的知识输入者。当讨论出现冲突或难题时，教师应在适当的时机用合适的方法进行干预，帮助学生解决问题，确保讨论能够有序进行。同时，如果发现学生在讨论中出现思维僵化或者离题现象，教师也需要及时地给予引导或者提醒，确保学生能够回到正确的讨论轨道上。

（2）保障学习过程有序开展。在以学生为中心的教学模式中，教师的角色是引导者和支持者。教师首先要根据学生的背景、兴趣和学习风格制定教学方案。这要求教师对学生具有一定的了解，以便个性化地满足他们的需求。但是，在教学过程中，可能会出现各种问题，如学生理解困难、学习动力不足、个别学生的行为等。在这种情况下，教师需要以灵活应变的态度来应对，并采取不同的教学策略来满足学生的需要。教师可能需要调整教学节奏、提供额外的支持或重新解释概念，以使学生理解和参与。同时，教师在处理学生需求和保持课堂纪律之间也往往会出现问题。教师可以制定明确的规则和期望，并与学生合作制定行为奖励和约束机制。当学生违反规则时，教师可以采取适当的纠正措施，同时提供支持和指导，以树立正确的行为模范。

3. 能根据学生的反应灵活调整教学

虽然教师会按照预设的教学计划进行操作，但在以学生为中心的课堂环境下，教师也需要根据学生的实际反应和学习进展，对教学内容以及教学方式灵活调整。比如，当发现学生难以追随教师讲解节奏，或者课程难度与学生自身接受程度不符时，教师应该如同一台细致灵敏的监测仪，及时捕捉并处理这些问题，适当修正教学策略。

4.能够给学生提供明确、合理的反馈

在以学生为中心的教学模式中，当学生提出问题或困惑时，教师应该采取以下措施来积极回应并提供适当的反馈。

（1）认真倾听和理解。通过倾听，教师可以理解学生面临的挑战和问题，并为后续的反馈做好准备。

（2）提供明确和及时的解答。教师应该尽力给予学生明确和及时的解答。对于学生的问题，教师可以通过提供相关的概念解释、实例分析或者使用其他教学资源来解答。这样可以帮助学生理解，并消除困惑。

（3）鼓励学生思考。教师可以使用引导性问题来鼓励学生思考和主动探索。而不是简单给予答案，教师可以提供一些指引，引导学生通过思考和探索找到答案。这样有助于学生培养自主学习和解决问题的能力。

（4）提供额外支持。对于难以当堂解答的问题，教师可以以诚实的态度向学生说明，并承诺在课堂之外的时间为他们提供帮助。这可以体现教师的关注和支持，让学生感到被重视并增强他们的学习动力。

（5）持续追踪和回顾。教师应该持续关注学生的学习进展，并在适当的时候回顾之前的问题和反馈。这有助于巩固学生的理解，确认问题是否得到解决，并提供进一步的指导和支持。

通过以上措施，教师能够积极回应学生的问题，提供明确和合理的反馈，并在学生的学习过程中扮演积极的角色。教师的关注和认真回应可以帮助学生克服困难，保持学习动力，并促进他们的学习发展。

（二）信息技术背景下以学生为中心开展教学的方法

1. 充分尊重学生的主体地位

教师在英语教学中充分尊重学生的主体地位主要有三方面的含义。

（1）考虑学生的兴趣。任何有效的教学策略都必须考虑到学生的兴趣和爱好。教师需要灵活运用各种教学策略和方法，创造一个开放、互动和富有挑战性的学习环境，激发学生的学习兴趣。

（2）考虑学生的实际需求。每个学生都有其独特的学习需求。教师需要深入了解这些需求，并为学生提供合适的资源和支持，确保教学活动真正围绕学生展开。

（3）帮助学生提升主体意识。仅认识到学生的主体地位并不够，教师还需要采取措施培养学生的独立思考能力、自主学习能力和批判性思维能力。为此，教师可以鼓励学生在课堂上积极参与讨论和提问，引导他们质疑和分析问题的本质和原因，培养他们的批判性思维能力。同时，教师还可以为学生提供自主学习的机会，让他们自主选择学习内容、学习方式和学习进度，培养他们的自主学习能力。通过这些措施，教师可以帮助学生发展出更加积极、主动、独立的学习态度和能力，从而更好地适应未来的学习和工作环境。

2. 利用现代信息技术创设课堂环境

（1）硬件环境的布置使学生产生主人翁意识。硬件环境的布置在培养学生主人翁意识方面起到了至关重要的作用。在以学生为中心的课堂设计中，教室的物理布局——包括桌椅的排列和电子设备的分布——被精心设计以促进互动和合作。例如，将桌椅布置成圆环状可更容易地促成信息的自由流动和团队合作。这种布局方式模仿了人们在自然环境中进行讨论时的围坐状态。现代信息技术不仅限于物理空间的布置，还拓展到了虚拟世界，为学生和教师提供了一个富有深度和广度的信息交流平台。教师可利用这些平台来展示教学资料，而学生也能通过平台提交作业、参与讨论并获取反馈。更重要的是，这样的网络环境能够使学习行为脱离时间和空间的限制，使学生在任何时间、任何地点都能进行自主学习和合作探究。通过这些方式，信息技术赋能教室环境，使其成为一个充满活力和创造性的学习社群。通过硬件环境的人性化布置、信息交流平台的智能构建及个性化学习资源的动态配置，信息技术不仅丰富了教学方式和手段，还增强了学生的主体性和自主性。这一转变不仅提高了教育的质量和效果，也符合当代教育目标的核心理念，即培养具有创新能力和协作精神的全面发展的人才。

（2）丰富的学习资源和学习工具有利于促进学生的学习。在构建以学生为核心的课堂环境时，教师应充分重视利用现代信息技术为学生提供丰富多元的学习资源和工具。学生可以借此高效吸纳和整合知识，实现学习目标。这需要教师的引导和辅助，以确保学生顺利完成学习任务。

二、信息化环境下学生学习动机激发策略的运用

（一）加强学习目的教育，激发学习热情

对学生来说，明确而清晰的学习目标是构建学习动机的基础。教学过程需要借助一系列相关策略推进这些目标。在这些策略中，让学生认识到学习是他们的责任和义务至关重要。这种学习动机不仅能帮助学生克服学习上的困难，更能使他们深刻体验到克服困难所带来的满足感，从而产生更强的学习动力。随着时间的推移，这种良性学习循环的形成对学生的成长产生了积极的影响。

（二）阐述知识的价值，激发学生的求知欲

只有当学生拥有强烈的求知欲时，他们的学习动机才能充分被激发。

每位学生都天生充满了探索的欲望，他们梦想着成为研究者、发现者和探索者。没有这种强烈的求知欲，学习的动力也就无法真正激发。在日常教学中，教师精准地向学生阐释学习英语知识的重要性和对个人发展的价值，这是激发学生学习动机的一种极为有效的途径。

（三）适当组织竞赛，激发外在动机

对于年轻的学生而言，他们特别热衷于展现自我以及表现个性，因此竞赛的形式很好地契合了他们的这种需求，是一种极其有效的激励学习兴趣的手段。一项精心设计的竞赛活动不仅可以充分调动学生的学习积极性，还能引导他们在锻炼自我的同时学会团队协作和自我提升。此外，竞赛的形式丰富多样，可以是团队协作的，也可以是个体能力的较量。

三、营造网络环境

（一）网络环境的特征

1. 教学资源的丰富性

随着信息技术的飞速进步和网络技术的日益普及化，一股泛滥的信息浪潮涌入积极利用网络资源的人们的视野。特别是在现代英语教育领域，海量的数字英语教材使得教育内容的纵深度得到了前所未有的扩展。在语言学习中，输入与输出为学习的两大核心。而在英语教学里，听力和阅读被归类为输入部分。网络技术的数字属性为英语的输入环节提供了诸如多媒体视频、音频文件等传统资源，并将其与广播、电视和互联网等动态资源相结合。值得一提的是，随着计算机技术的广泛应用，大量形象生动的英语教材成功地实现了数字化和网络化。而在网络环境下的英语资源不仅数量惊人，而且质量也得到了极大的提升。借助现代科技，电子资源已能完美地复制和再现原始文件。这样，信息传递的滞后被有效缩短，避免了

英语教学资源陈旧、内容匮乏等问题。

2. 教学手段的灵活性

网络环境下的英语教学呈现出更为鲜明、实用和高效的特点。历史上，英语教学经常采用的教学技术包括电声技术、光学技术、网络技术及计算机技术。例如，利用幻灯片和投影仪在教学中能够清晰地展示文本和图像，对于解释教学内容中的核心观点和复杂部分具有不可替代的作用。广播和录音技术作为英语教学中最早且使用范围最广的技术手段，已经被认为是听力和口语训练中的标配工具。电影、电视等技术的发展不仅提升了学生学习英语的兴趣和积极性，同时也生动地展示了语言学习的文化背景。

3. 学习过程的互动性

网络教学环境赋予了教育过程显著的互动性。互动性在此处被解释为一种双向或多向的信息交流机制，其中信息的创造者和接收者都能够以各自的方式参与到信息的生成、处理和传播中。这种模式强调了学生的主观能动性，在获取和应用信息的过程中赋予其更多的自主权。这与传统英语教学模式形成鲜明对比，后者以教师为中心，多数情况下呈现为一种单向的知识传播模式，这常常限制了教学效率。在网络环境下，教师有能力对教学内容和练习的顺序进行灵活调整，以便更精准地进行个性化教学；学生也能主动地搜索和获取自己所需或感兴趣的内容，而不是像在传统环境中那样被动地接收信息。

（二）信息技术背景下营造网络环境的方法

1. 多媒体整合呈现法

多媒体整合呈现法是在网络教学中发挥了巨大作用的教学方法之一。这种方法强调将多种媒体元素，尤其是将声音和图像结合起来，提供更有深度和吸引力的学习体验。在这个方法中，声音和图像的组合被认为远比单一的信息表达方式更为有效。当文字或图像单独呈现时，学生可能需要花更多的时间来理解或处理信息。然而，当声音与图像相结合时，学生可以听到相关的解释或说明，这有助于他们更快地理解和吸收知识。另外，多媒体整合呈现法还有助于展现语言学习的文化背景和实际应用。通过视频、音频和图像素材，学生能够接触到真实世界中的语言使用情境，了解不同文化之间的交流方式和习惯。在不断发展的教育技术领域，多媒体整合呈现法将继续发挥着重要的作用，为学生提供更富有启发性和交互性的学习体验。

2. 言语视觉同步法

与多媒体整合呈现法相似，言语视觉同步法强调在同一时间提供相关的言语和视觉信息，以增强学习效果。相对于分散或孤立地提供信息，这种同步呈现方式更有助于学生对教学内容的接受和理解。例如，在讲解某一英语语法规则时，如果学生能够及时地听到相关解释并同时观看相应的示例或动画，这通常会极大地促进其对规则的理解和掌握。

（三）信息技术与高校教学融合创新的重点

我国信息技术与高校教学融合创新主要有以下四点。

1. 高校信息化教学资源建设与共享

（1）高校信息化教学资源建设。随着我国信息技术的飞速发展，高等教育的教学方式也在经历着前所未有的变革。这种变革不仅仅体现在技术上，更多的是在教学理念、方法和资源等方面的融合与创新。

高等教育信息化教学资源是指采用数字化技术，将教育信息有效整合并在网络环境中进行传播的资源。在教育数字化的大背景下，这种资源的建设显得尤为关键。各高校应结合自己的独特优势，开展特色化的资源建设。例如，中山大学就针对其强劲的学科领域进行了系列的教学资源建设：

一是慕课资源,中山大学在其"本科课程建设体系"中融入"慕课",使学生在互动中获得更好的学习体验;二是高质量讲座资源,通过邀请业内专家、学者,为学生提供前沿的学术分享;三是云端教学资源,充分利用云计算技术,将教学资源上传至云端,确保学生随时随地都可以进行学习。

(2)高校信息化教学资源共享。教育信息化2.0的理念主张开放和共享,它要求高校不仅停留在资源的开发应用上,更要着眼于如何提升信息素养、促进创新。因此,高校应该做到以下三点:一是调整服务模式。高校需优化"平台+教育"的结合,利用平台的力量推动教育资源的共创共享。二是扩展开放程度。在线教学资源库应当广纳百川,满足不同学生的需求。三是实现资源的通用化。打破传统的资源封闭模式,使教育资源得以广泛应用。

2. 新技术环境下的高校教学改革

(1)高校教学改革要求"以人为本"。随着教育信息化从1.0向2.0的进阶,高等教育体系中不仅教学方式发生变革,更有学科教育与信息技术的深度融合。与初步的数字化教学相比,2.0阶段更加强调利用人工智能、大数据与学习分析等前沿科技来推动学习体验的个性化。这种演变不局限于将现代技术作为教育手段,而是在进一步深化"以人为本"的教育理念。具体来说,教师可利用大数据为每位学生提供定制化的学习资源和策略,同时大数据也为教师提供多维度、精确的学习数据,以便进行更为科学、个性化的教学指导。

(2)新技术融入高校教学改革。

第一,移动学习与学生互动。随着移动设备的广泛应用,教育已经不再局限于传统的课堂环境。学生现在可以通过智能手机、平板电脑和笔记本电脑随时随地访问教育资源。这种趋势不仅扩大了学习的时间和空间范围，还提供了更多的学习方式和工具。学生可以在公交车上、咖啡厅里、家中学习。与此同时，移动学习也带来了更多的学生与教师之间的互动机会。通过在线论坛、社交媒体和即时通信工具，学生可以更方便地与教师和同学进行互动和讨论。这种互动不仅有助于解决问题和分享知识，还可以培养学生的合作和沟通技能。因此，移动学习已经成为促进学生参与和学术互动的重要手段。

第二，物联网与产学合作。物联网技术的迅速发展为高校和工业界的合作提供了更多机会。通过合作项目，学生可以在真实的工程和科研项目中应用他们所学的知识。例如，在美国威斯康星大学麦迪逊分校的物联网实验室中，学生有机会与工业合作伙伴一起研发新的物联网应用和解决方案。此外，欧盟物联网开放大学实验室将不同大学的学生纳入同一实验网络，为他们提供了一个跨学科和跨文化的交流平台。这种国际合作不仅促进了学术研究的全球合作，还培养了学生的国际视野和跨文化沟通能力。物联网技术的快速发展使合作变得更加紧密和有意义，为学生提供了更广泛的机会。

第三，人工智能与高等教育的未来。人工智能已经开始在高等教育中发挥越来越多的作用。从自动化评估到个性化教育，AI技术正在改变教育的方式和形式。例如，密歇根大学和剑桥大学等知名高校已经开始使用AI系统来改进教学和学术研究。这些系统可以分析学生的学习行为，提供个性化的建议和反馈，帮助学生更好地理解和掌握知识。教师需要掌握如何使用AI系统，以提供更有效的教育。学生则需要提高数字素养，以便更好地利用AI工具来辅助学习。这种数字素养的提升将成为未来高等教育的一项重要任务，以确保学生能够充分利用新兴技术来实现他们的学术和职业目标。

第四，在线教育与"慕课"。在国内高等教育体系中，在线教育平台，特别是以"慕课"为代表的在线课程，正在以惊人的速度改变着传统教育的面貌。这一趋势为教育带来了新的可能性和挑战。"慕课"课程的大规模开放性使得数以千计的学生能够在全球范围内访问同一门课程，不受时间和地点的限制。这种灵活性不仅满足了学生的多样化学习需求，还提供了一种高效率的知识传递方式。同时，在线教育还为学生提供了更多自主学习的机会，培养了他们的自律和自主解决问题的能力。然而，在线教育的快速扩张也带来了一些挑战。教育机构需要不断改进课程设计和教育技术，以确保在线教育质量和效果。此外，在线教育也需要更多的师资支持和评估机制，以确保学生获得有效的指导和反馈。总之，在线教育与"慕课"代表着高等教育领域的一次革命，为教育提供了新的可能性，但也需要以持续的改进和调整来应对不断变化的需求。

第五，混合学习与翻转课堂。混合学习是一种融合了线上和线下教育资源的教学模式。在混合学习中，教师将在线资源与传统面对面教学相结合，为学生提供更多的灵活性和互动性。这种教学方法有助于满足不同学习风格的学生需求，同时也提高了学习效率。混合学习的一种变体是翻转课堂，它颠覆了传统教育模式，将课堂内外的学习体验重新安排。在翻转课堂中，学生首先在家通过在线课程学习相关知识，然后在课堂上与教师和同学讨论、解决问题或进行实践活动。这种模式强调课堂的互动和应用，使学生更深入地理解和掌握知识。翻转课堂也鼓励学生扮演更主动的角色，成为知识的建构者，而不仅是信息的接受者。这种教学方法已经在全球范围内得到广泛应用，并取得了显著的教育效果。然而，混合学习和翻转课堂也需要精心地设计和管理。教师需要选择合适的在线资源，确保学生能够充分利用这些资源来准备课堂活动。此外，学生需要适应这种新的学习方式，可能需要更多的自主学习和时间管理技能。然而，混合学习和翻转课堂为学生提供了更丰富和互动性的学习体验，有望成为未来高等教育的重要教学模式。

第六，互联网技术与教育逐渐深度融合。在互联网科技蓬勃发展的当下，其与教育领域的交融已然进入了一个更深层次的阶段。大规模、多元的教育数据不仅是一种工具，对高校来说同时也是极具价值的资源。高校必须充分运用这些教育数据，在掌握教师和学生个体化的需求后，设计出切实可行的教学课程。与此同时，高校将如大数据和人工智能等新科技浸润于课程体系之中，形成适应高校学生需求的大数据和智能化课程，从而有效提升师生的数据分析应用能力，提高师生的智能化认知程度。

教育信息化 2.0 新时代的到来之际，新兴科技已对传统的教育模式带来了颠覆性影响，高校教学如今正面临着重塑的机遇与挑战。以技术为辅助，高效地利用教育数据，对碎片化信息进行整合，能为高校师生提供更为多元化、个性化和精准化的教学指导和学习策略。这一过程不仅能够进一步提升师生的智能化素养，增强师生的数据分析以及使用数据进行学习的能力，更能够提升学生的创新思维。

在推动高校教育变革的过程中，新技术的潜力无疑是巨大的，但也存在各种挑战，如技术本身限制、操作难度及步调不一的规章制度等。高校需要持之以恒地寻求科技与教学改革中的最佳结合方式，并在解决这些挑战的探索中，让新技术在推动教学变革中发挥其最大的作用。

3. 智能时代的信息素养提升

智能时代对高校师生的信息技术应用能力提出了更高的要求，要求高校师生具备良好的信息素养，懂得运用信息技术手段去发现和处理问题。这一要求不仅停留在信息技术层面，更要求师生能够熟练运用信息技术处理实际问题，拥有独立解决问题的思考模式和学习技巧。

（1）高校学生信息素养教育。在教育信息化的背景下，高校学生的信息素养教育已经进入全新的阶段。其中，包括数据素养、媒介素养及信息安全素养等新领域的素养教育已经成为热点话题。具体来说，数据素养是信息素养的核心组成部分，涵盖了理解和运用数据以为决策提供准确信息的能力。为了实现这一目标，教师需要摒弃传统的单一教学方式，并构建一种以数据课程为基石、贯穿学生学习生活的课程模式。近年来，高校不仅注重在线教学资源的建设和利用，还广泛开设与人工智能、机器人等学科相关的在线课程。这一举措不仅为在校学生提供了丰富且高质的学习内容，也为社会提供了一个学习新技术的窗口和宝贵资源。

随着技术的飞速发展和社会进步，高校在培养学生的专业技术素养上已经取得了长足的进展。为了进一步拓宽学生的知识领域和培养他们的综合能力，一些高校开始推广并开设信息素养的通识课程。这一举措是基于对现代社会信息化的深度认识和对未来人才需求的前瞻性判断。

（2）高校教师信息素养提升。在新时代背景下，高校教师面临着如教学模式转变、师生角色转变、教学技术更新、创新教学视角甚至信息安全问题等挑战。在这种情形下，着力提升高校教师的信息素养，强化教师的信息思维，以便适应新时代对高校教员的高要求，成为高等教育信息化的重要一环。在教育信息化 2.0 的时代，大数据、学习分析、云计算、人工智能等前沿术语伴随着新技术的日益进步已逐步成为高校教师信息素养的组成部分。

4.高校信息网络安全建设

（1）高校信息安全的概念及表现。技术的进步就像一枚硬币的两个面，它既为高校教育领域带来了无数的机遇，也带来了一些亟待解决的挑战，而其中最被关注的正是信息安全问题。这已经成为全球高等教育信息化的焦点问题。在如今教育信息化的大背景下,高校不断将新技术应用到教育教学和科学研究中,如对虚拟学习环境的尝试,但也确实带来了诸多安全问题。比如,虚拟现实追踪传感器可被攻破,使得攻击者能够窥视用户的物理空间。为了防范这些风险,高校和相关机构必须加强对这些新技术的研究和监控,确保在使用这些技术时能够提供充分的安全保障。

(2)高校信息安全的重要性及对策。在信息化时代,高校采用了多种基于互联网的教育方法,如远程教学和在线研讨。但是,随之而来的网络威胁和安全风险也对高校构成了威胁。高校的信息技术网络是支撑教学、研究和行政工作的基石,保障其安全运行至关重要。要应对各种网络攻击和威胁,高校不仅需要从技术上提高防护能力,如采用最新的防病毒软件和防火墙技术;还需要加强网络安全意识的培训,确保每位使用者都具备基本的安全知识。同时,高校也应该加强对全校师生的教育和引导,增强其网络安全意识。

四、关注学习风格

随着信息技术在教育领域的广泛应用,教师需要更加注重学生的个体差异,并采用适合各类学生的教学方法。每一位学生都有自己的学习方式、习惯,教育工作者应认识到这些差异,并根据学生的具体情况灵活调整教学策略,从而提高教学效果。只有当教师能够真正了解并尊重学生的学习风格,才能为学生创造一个有助于其全面发展的学习环境。

(一)学习风格概述

1. 风格划分的不同主张

学习风格是指学生在学习过程中习惯采用的特定方式或策略,这些方式或策略会影响学生的学习效果。自古以来，人们试图通过各种方法来分类和解释个体差异。例如，希波克拉底的体液理论曾试图通过分析体液平衡来解释人类的性格差异。希波克拉底的"体液说"，也被称为"四体液说"，是古希腊医学的一种理论。根据"体液说"，人体主要由四种体液组成：一是血液，血液代表了热和湿的特性，这是热和湿的体液，被认为是由心脏制造的；二是黄胆汁，黄胆汁代表了热和干的特性，这是热和干的体液，被认为是由肝脏制造的；三是黑胆汁，黑胆汁代表了冷和干的特性，这是冷和干的体液，被认为是由脾脏制造的；四是黏液，黏液代表了冷和湿的特性，这是冷和湿的体液，被认为是由脑部制造的。希波克拉底认为，人体的健康取决于这四种体液的平衡。如果这些体液失去平衡，就会导致疾病。例如，如果某人体内的黄胆汁过多，就会导致暴躁和易怒，这被称为"黄胆汁质"。同样，如果黑胆汁过多，可能导致抑郁和沮丧，这被称为"黑胆汁质"。这一理论在一定程度上反映了人类对于个体差异的关注和探索。在现代教育中，对学习风格的研究有助于教师更好地了解学生，进而采用适当的教学方法来满足学生的需求。

2.学习风格的四种分类

（1）感官—思考型或掌握型学生。感官—思考型的学生崇尚实用性和效率，通常偏好通过实践活动或具体任务来吸收知识。这类学生具有强烈的学习热情和目标导向性，更看重即时的反馈和评价，以便能快速调整自己的学习路径。与此同时，他们通常不喜欢长时间地听理论讲解或非目标导向的讨论，认为这些活动多半是浪费时间。在团队协作中，他们往往是最先着手行动的一员，也更愿意接受具体、明确的任务安排。

（2）直觉—思考型或理解型学生。直觉—思考型的学生善于逻辑推理和计划安排，面对问题或任务，他们通常会先行进行详细分析和规划。他们擅长用语言来表达思考过程，并且喜欢在问题解决的过程中，探究各种元素之间的关联性和内在逻辑。对这类学生来说，真理往往更重要于事实，任何不符合逻辑的观点或理论都会让他们感到不适。因此，他们在讨论或辩论中往往是最敏锐、最挑剔的一方。

（3）直觉—感受型或自我表达型学生。直觉—感受型学生是一种高度依赖内在动机和个人兴趣的学生。他们在面对自己不感兴趣的任务或问题时，往往表现出明显的消极和漠不关心。但在投身于自己热爱的领域或项目时，他们常常全身心地投入，甚至忘却时间。这类学生很少受到外界规则或时间限制的影响，更多地依赖自己的直觉和感觉来做决策。对于传统和既定规则，他们往往持开放甚至是批判的态度。

直觉—感受型学生是一类具有高度灵活性和适应能力的学生。他们在处理问题或任务时，通常不拘泥于一种方法或策略，而是会根据实际情况和个人感觉灵活地调整。这类学生能够轻松地从一项活动跳到另一项，且往往能够同时参与多个项目或任务。虽然这种多任务处理能力可能会让其他类型的学生感到困扰或不适，但对于多元适应型学生来说，这种多样性和不确定性反而是最让他们享受的部分。他们很少因为外界变化或不确定因素而感到困扰，反而更能从中找到乐趣和挑战。

（4）感官—感受型学生。感官—感受型学生将个体经验融入学习过程中，偏向于根据自身的感受与冲动进行决策。他们对人际关系和情感的流动特别敏感，习惯在社交环境中汲取知识。他们十分重视人际交往，认为学习不仅是个人成长的过程，更是人与人之间情感互动和价值共鸣的产物。为了响应他人的期待和情感需求，他们可能会选择某种学习路径或方式。对于此类学生，学习的内涵并不仅限于书本或教室，而是生活的每一处体验与互动，学校与校外生活几乎没有区别。

3. 运用学习风格的方式

一个聪明的思考者知道从不同的角度来看待信息。如果将自己锁定在一种思维模式里，人们的思维就会变得僵化。因此，培育学生灵活切换和融合各种学习风格显得至关重要。多维度的学习风格不仅能够拓宽学生的知识视野，更能帮助他们在实际生活中更好地应用所学。

（二）基于学习风格的大学英语信息化教学设计

1. 创造良好的学习条件

在现代大学英语教学中，信息技术为教师提供了宝贵的工具，可以满足学生各种学习需求。例如，微课程、翻转课堂和慕课都可以为学生提供不同学习风格的交互方式。这种多样化的学习模式可以帮助视觉型学习风格、听觉型学习风格和动觉型学习风格的学生找到适合自己的学习方式，从而更加高效地吸收知识。

2. 创新信息加工的方式

从教育实践的角度来看，学生良好学习风格的养成同教师的正确引导有密不可分的关系。同时，动觉型学习风格的学生对教师的课堂讲解投入度不高，而当教师赋予其实践操作的学习契机时，他们就会表现出强烈的学习热情，这部分学生习惯于通过反复做题巩固知识；而听觉型学习风格的学生则希望在课上得到来自教师的肯定。学生的学习风格源自其外部信息感知和内在信息加工，因此，英语教师应当对学生进行正确的引导，以便使学生感知到教师所传递的正向信息，进而形成良好的学习风格。

3. 选择相应的教学方式

进入信息化时代，教师对于掌握多元化、全面化的教学设备和教学设施获得了更多机会，而从中筛选出最适配学生学习风格的教学工具和方法成为其迫切任务。举例来说，对于听觉型学习风格的学生，教师可以设计更多的课堂讨论环节，让他们通过语言的输入和输出深化对知识的理解。随着智能设备在校园的大范围普及，教师可以选择通过网络平台传递课程相关的英语资料，使这类学生能够复读、熟记，从而达到理想的学习效果。教师需要敏锐捕捉新时代大学生的特点，依据其个体差异和心理需求精心设计适应性的教学方法和策略，以提高其英语语言学习效率。

第四章
信息化时代高校英语教学与信息技术的融合与内容优化

第一节　高校英语教学与信息技术深度融合

一、信息化时代给高校英语教学带来的机遇与挑战

随着互联网技术和信息技术的飞速发展，信息化浪潮已经渗入中国的各个行业和领域。尤其在高等教育领域，新的教学策略和模式不断涌现，为英语教学注入了新的活力和机遇。

第一，信息技术的崛起使得教学形式走向了多样化。大学英语教育应当根据学校的定位、学院的人才培养策略以及学生的个性化需求来进行改革，以实现学生知识结构、实际能力和人文素质的全面和谐发展。高等教育英语教学的方向是：更加个性化、更具包容性。依照这一标准，高校应当根据自身的教育定位、学生群体特点和人才培养策略来设定英语教学的具体目标和要求。因此，英语教学不再是刻板统一的模式，它可以有丰富的教学资源、多层次的教学评价、多种形式的教学方式、多样化的教学内容、多维度的教学目标。每所高校的英语教学都将根据其自身的特色和需求，展现出不同的特点和风格。

第二，课堂教学改革已经具有扎实的理论基础和丰硕的教学实践成果。现在，众多的英语教育者和研究者已经成功地将移动应用程序、在线教育平台、人工智能技术和虚拟现实技术等数字化工具融入英语教学。这些新型的教学工具和策略经过一系列的试验和验证，已经取得了很好的教学效

果。利用这些前沿技术不仅可以实时监控和调整教学策略,还能增进师生之间的互动与交流,及时反馈学生的学习状况,激发学生的学习兴趣和探索欲望,从而有效提高学生的英语水平和语言应用能力。

但是,在当前我国教育信息化的推进过程中取得了一些成果,也伴随着一系列的问题和挑战。为了进一步推动这一过程的发展和完善,需要从英语教师和学生两个关键角色出发,深入剖析和探讨其中存在的问题及可能的解决方案。

第一,从英语教师的角度看。首先,要关注英语教师在教育信息化中所面临的问题和机遇。目前,不少高校英语教师尚未完全掌握与现代教学紧密相关的信息技术理论和操作技能。为此,英语教师需要更加深入和全面地学习和掌握现代信息技术,包括但不限于熟练掌握各类教学平台的应用和网络教学资源的筛选和整合。其次,信息化教学对教师的个人素质和能力也提出了更高的要求。在课前阶段,教师应当引导学生充分利用网络资源和工具,自主进行预习和研究,为课堂教学打下坚实的基础;在课中阶段,教师则需要充分调动自身的专业能力,为学生提供知识点的精准解析并解惑,同时引导学生进行深入的课堂讨论和思辨;而在课后阶段,教师则需要对学生的课后作业进行仔细评价,同时针对学生在课堂上提出的问题,给予详细和深入的解答和指导。显然,这一系列的过程对教师的专业知识和教学能力都提出了非常高的要求,因此教师要不断地学习和完善自身,以满足信息化时代对高校英语教师的新要求。

第二,从学生的角度看。传统的教育模式下,学生往往是知识的被动接受者。但是在新时代的信息化教学环境下,学生需要变得更加主动和自主。他们不再是单纯的听众,而是需要变成积极参与和探索的学习者。这样的转变不仅能够提高学生的学习积极性,还能够让他们在学习过程中发挥主观能动性，从而更好地适应信息化教学的需求和挑战。显然，这样的转变对于提高英语教学的效果是非常有益的，可以使英语教学变得更加生动和高效。

二、高校英语教育信息化改革的背景

随着工业、信息技术、城市化和农业的持续现代化进程，我国发展的基石日益稳固。而随着经济的蓬勃增长，国际交流也日益活跃。

在当前的全球化背景下，英语作为一门国际通用语言具有重要的地位，因此培养一批高素质的英语精英对我国参与国际政治、经济和文化交流至关重要。新兴的信息科技正在深刻地改变学生获取、理解和创造知识的方式，给高等教育带来了前所未有的挑战和机遇。经过数年砥砺奋进，我国高等教育体系中的英语教学已迎来较大的变化，成绩斐然：一方面，人才培养的目标不再仅注重培养基本英语技能，而更加强调全面培养语言学者。另一方面，人才培养策略已经从传统的单一模式蜕变成为更具前瞻性的"英语+专业"复合型人才培养策略。

但是，英语教学改革虽然取得了显著的进展，但仍然面临许多挑战。一方面，尽管英语教育的受众不断扩大，但培训的质量与市场需求之间却存在明显的鸿沟。学生在英语基础知识、应用技能和其他关键领域的发展都表现得不够均衡。另一方面，当前的教学方法仍偏重于考试导向，如大学英语四级和六级考试，而对于真正的英语运用能力和跨文化交流技巧的培养不够重视。针对这些问题，国家已经提出了一系列策略，包括深化教育体制改革，加强国际化人才培养，并探索教育模式的创新。

三、教育信息化改革期间英语教师的职业素养

在日益加速的全球化浪潮中，教育是国家发展的关键环节，它为国家在其他领域特别是经济上所面临的诸多挑战提供了应对策略。在"知识经济与全球化"这一双重背景下，教育不仅传授知识和技能，更为国家和个人在全球舞台上提供了宝贵的人力资源，成为推动国家持续发展的关键因素。

在这样的大背景下，教育的地位日益凸显。其中，教师则是教育的重要执行者，他们的专业素养直接影响到教学质量和学生成果。为了更好地适应全球化时代，教师需要深化自己对信息技术在英语教育中的应用理解，以此创造一个融合了最新技术、教育理念与学生个体需求的教学环境。利用当下的先进技术，如移动应用程序、在线教学平台、混合教学法、翻转课堂和人工智能等，教师可以为学生构建更为丰富和高效的学习模式和评价体系，从而全面刷新传统的教学和学习方式。

因此，英语教师在开展大学英语信息化教学的过程中，既要具备优秀的学科素养，也要具备一定的信息技术素养。借助这两方面核心素养的培养，教师能够优化自己的教学技能，进而满足为国家培养和输出英语人才的要求。

四、高校英语课程与信息技术的整合发展

（一）高校英语课程与信息技术整合的概念

在当前技术飞速发展的时代背景下，整合就是强调某个系统内各要素的整体共生、相互影响，并合力使各要素创造最大效率。在教育领域，课程整合就是已有的、有内在联系但形式上独立的课程联合，构筑一个多元且综合的课程体系。在构建这种体系的过程中，教师需要通过全面而细致

的规划和操作,将课程大纲、目标、流程及评价等多方面的要素融汇为一个有机的整体,使教学过程更为流畅和高效。在教育中,教师需要采用一种综合性、相互关联、辩证的方式来理解和处理各种教育要素之间的关系。这种方法和目标可以帮助教育体系更好地满足学生和社会的需求。

学术领域内的多数专家对信息技术与课程整合有着各自的理解和阐述。但总体而言,技术和课程的整合是一个深化的过程,旨在通过课程实现信息技术与学科教学的有机结合,从而从根本上革新传统的教学与学习理念及其相关的学习目标、方法和评估手段。信息技术与课程整合将各种教学资源和环节通过整合、结合和相互融合产生聚效,从而在整体优化的基础上促进传统教学方式的根本变革,实现培养学生创新精神和实践能力的教育目标。在高校英语课程中实施信息技术和课程的整合,意味着将以英语学科为核心,将信息技术与学科教学有机结合,以达到革新传统教学观念及其相关目标、方法和评价手段的目标。具体而言,高校英语课程应与信息技术的教学相结合,以实现信息技术在提升教师教学效能、增强学生学习体验和促进学生全面发展方面的最大潜力。

在教育信息化的实践中,教师应始终将"以人为本"的教学理念和教学思想作为着眼点,再辅以个性化的教学设计,选择契合学科特点的信息技术手段来满足学生对于高等英语学习的实际需求,最大程度地发挥信息技术在教育领域的作用。这不仅需要教师通过个性化的教学设计来满足学生对于高等英语学习的实际需求,更需要教师选择与学科特点相契合的信息技术手段来优化教学过程,最大程度地释放信息技术在教育领域中的潜力和影响力。通过精心的设计和实施,教师使每一位学生都能在一个更为丰富、更为个性化的学习环境中充分展示自己的潜力和才华,从而推动整个教育系统向更高的质量和效率迈进。

（二）信息技术指导下的英语教学相关理论

1. 系统理论

所有的事物都处于系统的联系之中，信息技术和英语课程整合也属于一个有机的系统。系统理论便是其指导理论中之一。

（1）系统理论的概念和种类。在哲学、科学、工程和社会科学中，系统的概念被广泛应用以解释各类复杂现象。从微观到宏观，系统既可以是粒子、原子和分子等基础物质构成的，也可以是行星、银河或宇宙等宏观结构。不仅自然界构建在各种规模和层次的系统之上，人类社会和文明也是多样化、复杂的系统网络，涵盖了从简单的家庭结构到复杂的国际关系。这些系统可以进一步分类为封闭系统和开放系统、确定性系统和随机性系统、线性系统和非线性系统等。每一种分类都拥有其特点和规律，但所有系统都遵循一定的普遍原则和模式，这就是系统理论所关注的。通过研究各类系统的基础结构和内在机制，系统理论提供了一个有效的分析和解决复杂问题的框架。

（2）系统结构的层次性和功能多元性。在系统理论中，结构被视为系统的骨架，其内在层次性决定了系统的整体性能和稳定性。简言之，结构是组织系统各部分的蓝图或模型。一个高度有序的结构通常意味着更高的效率和更强的稳定性。不仅如此，各个子系统之间的相互作用和依存关系进一步影响了整个系统的适应性和进化可能性。

结构与功能在多数情况下相互依存，但也有相对独立性。分析其关联性可归纳为四个主要场景：一是一个系统内部各要素的属性直接影响其总体功能。比如，在生物体中，基因的特性决定了生物体的外貌和生理功能。二是即使系统的基本要素相同，不同的结构组织方式也会导致功能上的显著差异。例如，碳原子可以组成石墨、金刚石或富勒烯，这三者具有截然不同的物理性质。三是不同的要素和结构组合也能产生相似的功能，如鸟类和昆虫的飞行机制各不相同，但都实现了飞行这一状态。四是一个特定的结构可能衍生出多种不同的功能。例如，人类大脑既可以用于思考，也可以用于控制生理活动。

（3）系统的特性。系统的特性包括集合性、整体性、联系性、指向性、协调性和反馈性。

集合性是指系统不仅是其组成部分的简单总和，而是各个部分在一定规则和秩序下的有机结合。

整体性是指多个元素按照一定的准则和结构排列，使得系统的整体功能优于其单个部分。

联系性是指系统内部元素之间是相互联系的。

指向性是指系统始终围绕着某个核心目标运作，以此指导其功能和行为。

协调性是指系统与其所处环境之间具有协调关系，系统能够在环境中寻求所需的资源并与环境保持稳定的交互。

反馈性是指系统具有自我优化和调节机制，能够从外部环境中获取有关系统输出的反馈，并据此进行相应的调整。

这六个属性为英语教学提供了创新的思考视角。将信息技术与英语教育的融合理解为一个复杂的系统，这不仅要求教师探究系统的内部逻辑和功能，还要精确地解析各个元素之间的互动关系。只有这样，教师才能确保信息技术与英语教学在教育过程中充分结合，以实现最佳的教育成果。

2. 传播理论

传播理论研究了信息流动的机制、信息的结构形态，以及信息产生的效果和价值。教学实际上是一个信息传播的过程。传播理论详细地描述了教育系统中信息的传播过程,揭示了教育要素之间的动态交互关系。传播理论为整合高校英语课程与信息技术提供了有力的理论支持。

(1)信息的定义和信息传递。信息,作为人类沟通与认知的核心,具有多重维度的内涵。它既是交流的载体,又是思考与决策的基础,更是塑造人类经验与感知的重要因素。信息传输涉及一套复杂的机制,包括四个核心要素:信息发源者、信号载体、传播媒介及最终的信息受体。在这一传递过程中,信息发源者采用诸如文字、非言语手段(如手势、表情)及各种音频效果来构造和输出信息。其中,所涉及的内容往往受到信息发源者的认知结构、文化背景、生活经验等影响。需要指出的是,信息并不总是能够完整无损地被信息受体所获取。为确保信息能够高效、准确地传递,其往往需要经过编码,随后通过多种渠道,如视觉、听觉或其他感官进行传达。

信息受体在接收信息后,会经历一系列的解读过程,从解码到对信息的内涵赋予深入的诠释。信息受体既要深入地捕捉信息的每一个细节,还需要考虑到信息受体的知识结构、个性差异、价值取向等多重因素的作用,同时消除如传输媒介质量、外部噪声等潜在干扰。值得注意的是,信息传递的真正成功不仅体现在信息的发送,还应包含对信息效果的反馈和实时优化。在此背景下,外部因素如噪声往往会对信息接收产生不良的影响,有时甚至可能导致传递过程中的失误。

因此,高校英语教师在进行课程与信息技术的整合过程中,要注意:一是借助视觉、听觉、触觉等多感官的联合,为学生创造丰富的学习体验;二是应全面了解学生的背景知识、心智特点和价值观念,以此为依据,选择最适合的信息传播方式;三是确保学生能够对所接收到的信息细节产生高度的兴趣和关注,并在学习过程中积极地进行信息反馈与互动;四是结合教学目标、内容特性及教材设计，采取合理的教学策略，以期在不断地探索与创新中持续提升教学效果。

（2）信号的形式及结构。信号的形式和结构也是影响信息接收的重要因子。多数信息都可以经由词汇和句子来表达，进而达到编码的目的，这种编码行为构成了信息形成的关键。信号的编码和解码通常基于某种预定的语言结构。而在信息的传递中，信号内部的有序化与结构性是一个不可或缺的要素。那些经过整合、具有清晰框架、互相关联的信息更易于被接收者所理解和记忆；而那些散乱、缺乏结构的信息则容易被忽视或遗忘。值得注意的是，那些能引起接收者深度关注的信号，其存储和检索的效率往往更高。

考虑到信息的这些特点，在运用信息技术进行英语教学时，教师应系统地规划教学流程、策略和评估手段，以确保它们之间有着有机、有序的联系。设计的教学内容应既容易吸收又能够激起学生的兴趣，同时也应尽量减少与教学无关的干扰信息。

（3）传播的背景。传播活动总是在某种特定的背景中进行的。这些背景大致可分为四类：个人传播、小团体间传播、组织内部传播、大众传播。个人传播常常受到双方关系、需求等因素的驱动。小团体间传播则特色鲜明，如目标明确、交流方式多样等，这一特征也同样存在于组织内部的信息传递中。组织内部传播指的是在一个组织内部，信息、消息、意见、政策等内容在成员之间传递、分享、交流的过程。这种传播可以在组织的各个层级和部门之间进行，旨在确保组织内部的成员都能够获得必要的信息，以便他们能够更好地理解组织的目标、价值观、战略方向及各种运营活动。大众传播则以其广泛性和迅速性为特点，接收者在此过程中往往能够自主选择是否接收信息。

结合前文对信息传播的讨论，我们能够更深入地理解信息的结构、形式、效率和功能，这为我们在信息技术引领下的高等英语教育提供了宝贵的参考。例如，在英语课程与信息技术整合的实践中，教师应充分利用各种感官通道来呈现教学内容，综合考虑学生的背景、性格、价值观等多个维度来选择合适的传播方式。教师要特别关注学生对信息的细节处理能力，以确保他们能够深入理解和吸收教学内容。

（三）信息技术与英语教学整合的特性

1.整合的可能性

当今社会中，计算机与网络技术已经渗透了每一个角落。英语教师群体中，计算机的知识和应用逐步普及，而与此同时，英语教师本身也具备了与技术整合的先天条件。从学生的角度考量，目前信息技术课程已成为基础课程的一部分，大部分学生已经初步掌握了相关的基础知识。大多数高校配有多媒体教室、网络教室等。大部分高校构建了自己的校园网，实现了教室的全方位数字化。这样的设施布局，为英语教育与现代信息技术的整合创造了条件，也为教育现代化提供了支持。

2.整合的必要性

传统的英语教育方式常常是教师为主导的模式，知识的传递过于依赖教师对学生的单向灌输，学生的主观能动性和创造性在这一过程中很难得到充分的展现。而信息技术的介入则为英语教育注入了全新的活力。这种技术可以将原本抽象、晦涩的内容转化为直观、生动的形式，进而更容易实施情境化的教学。例如，在背景知识的介绍或听力训练中，丰富的图文结合、声音、动画和视频素材可以帮助学生更为直观地理解和接收相关文化信息。这种深度整合不仅能优化教学流程，增强学生的学习兴趣，还能提升英语教学的质量和效果。

3. 整合的有效性

信息技术是现代教育技术的重要代表，它是英语教与学中的一柄双刃剑，充分发挥信息技术以及多媒体网络设备的工具性功能和互联网强大的资源共享的优势，使信息技术恰当、有效地融入英语教学中，能提高教学质量和效率。信息技术与英语教学有效整合，一方面可以创新教学模式，增大教学容量，突出教学重点，给学生提供真实的语言情境，增强学生学习的实践性、主动性和自主性，从根本上改变传统的教学观念和模式，优化教与学的过程；另一方面也有利于学生形成合理并有效地利用信息技术进行学习和应用英语的策略，培养学生的创新思维和实践能力，以及获取信息、处理信息、传输信息、运用信息的能力。外语教学目标通常有听、说、读、写等方面的要求，相应的教学内容应包含文字、语音和视频等不同媒体的信息。但是在传统的印刷教材中，有关语音和活动影像的内容无法与文字内容组成一体化的教材，只能以教科书、录音带、录像带三者各自独立的形式，束缚教师的手脚，限制学生的思维，与超文本方式组织的图、文、音、像并茂的丰富多彩的电子教材相去甚远。

4. 整合的协作性

整合的协作性，首先体现在学生互相学习、师生互动、生生合作，从而得到团队的帮助和启发，共同参与完成学习任务。要强调信息技术的普遍应用，充分发挥信息技术的优势，为学生的学习和发展提供丰富多样的教育环境和有利的学习工具。其次，以多媒体计算机技术和网络技术为主的信息技术具有交互性、超文本性和网络化等特性，使个别化学习、协作式学习和发现式学习得以结合，极大地拓展了英语教学的领域，培养了学生的创新精神和实践能力。

5. 整合的开放性

开放性整合在教学设计与实践中具有广泛的适用性，尤其在英语教学场景中表现尤为突出。该整合模式不仅促成了宏观教学战略与微观教学活动的有机连接，还实现了教学反馈与个性化教学策略的融合。在这一模式下，学科专业知识与跨学科视角得以整合，形成了一种动态、可拓展的知识资源库。学生可以通过简单的操作，快速将这些资源转化为具体的学习成果。该整合模式借助于搜索引擎及其他互联网工具，拓宽了课堂教学的视野，丰富了学习资源，并允许学生对这些资源进行筛选、整合和创新性应用，从而有效地促进了学生的自主学习能力。

（四）信息技术与英语教学整合的基本模式

信息科技与英语教学的整合是一个复杂但至关重要的过程，这一过程可以通过多媒体信息集成、超文本与网络技术等手段来实现。具体来说，这样的整合将英语教学从一个以教师为中心的传播模式转变为一种更为开放、互动和以学生为中心的模式。在这一模式下，教师将根据教学目标和学生需求进行教材的精心筛选与定制，而学生则在教师的指导下，利用各种信息技术手段进行个性化与协作式的自主学习。此外，这一模式还对英语教育观念进行了深刻的重构，推动了新型教学结构的形成，使得学生在课程中能更加自主地进行意义建构和问题解决，而教师则更多地充当了引导者和协调者的角色。

在信息技术与英语教学整合的框架下，教学活动和评估方法也随之发生了深刻变化。具体而言，教师首先依据教学目标对教材进行深入分析，然后通过课件或者网络平台将教学内容和学习任务明确呈现给学生。学生在接受教学任务后，将在教师的具体指导下，运用各种信息工具进行个性化和团队合作式的自主学习。最终，通过多元化的评价方法，如自我评价、互评及教师评价等，实现对学生学习过程和成果的全面反馈。同时，教师通过多样化的教学手段和活动，成功地调动了学生的学习热情，从而更好地体现了教师自身的专业价值和教育影响力。

信息技术与英语教学整合的具体模式有以下三种。

1. 英语教师的辅教工具

信息技术与英语教学整合并不是一种简单的叠加或替代，而是对传统教学模式和策略的深度整合与创新。过去，教师将信息技术视为计算机辅助英语教学的一个组成部分，主要强调其在教学中的附属作用。然而，这种观念逐渐被认为是片面和狭隘的，因为它忽略了信息技术与教学目标、内容和方法之间的内在联系。现代信息技术已经超越了英语教学的范畴，其设计理念更加注重以教学目标为核心。这些工具不再是孤立存在，而是与教学内容、策略和评价紧密相连的有机体系。简言之，现代信息技术已经成为英语教学中不可或缺的一部分。具体而言，信息技术不仅可以作为英语知识的展示平台，还可以促进师生之间的互动和沟通，支持各种形式的测评活动，以及为真实或模拟的教学环境提供必要的背景和环境。

2. 学生学习的认知工具

当谈到信息技术与英语教学的整合时，教师不能忽略其对学生学习认知过程的深度支持。与传统的辅助教学工具相比，信息技术为学生提供了更加强大、灵活和个性化的认知工具。这些工具不仅帮助学生更加高效地获取英语学习资源，还促进他们之间的交流与合作，支持他们进行知识构建和创新实践，以及对学习过程和成果进行持续地自我评价。值得注意的是，学生在选择和使用这些认知工具时，应始终围绕英语学习的目标和预期效果，确保技术的应用能够真正服务于学习的需求和目标。

3.学习环境的构建工具

随着信息技术的快速发展,如何为学生创造一个充满挑战、互动和探索的英语学习环境已经成为教育工作者的重要任务。这不仅需要优质的物理硬件设备,更需要丰富的软件和内容更新,以满足学生的学习需求。信息技术提供了打造这样学习环境的强大工具,使教师可以为学生构建一个真实又具有挑战性的,或者是模拟但贴近实际的学习环境。在这样的环境中,学生可以自主探索,与他人合作,遇到并解决问题,从而积累宝贵的学习经验。无论是通过网络技术还是虚拟现实技术,信息技术都可以为学生创设一个充满可能性的学习环境,使其在英语学习中不断突破和进步。

五、信息技术与英语教学整合的重点

在当今信息化的大背景下,如何将先进的信息技术与英语教学有机地整合起来,以提升教学的质量和效率,成为教育改革与创新的一项关键议题。其中一个重要的方向是将课堂教学活动全面地嵌入一个由多媒体、网络等构成的信息化环境中。这种环境不仅限于教师用于演示和讲解的多媒体设备或网络资源,而更应是一个动态、互动、共创的教学生态系统。在这样的系统中,学生和教师可以自由地获取和分享信息,也可以进行远程合作、虚拟实验和知识创新等。这样的环境有助于教师从传统的"教"的角色转向"引导和促进"的角色,同时能提供更丰富和多样化的学习资源和方式,以支持学生的个性化和自主学习。

(一)整合的目标

作为教学整合的目的和导向,其核心是要全面提升英语学科教学的质量,包括但不限于提高学生英语学习的效果和效率。这意味着教师不能将信息技术的应用仅看作一种技术手段或者教学工具,而应更多地去关注其在促进学科教学目标实现方面的功能和价值。具体而言，英语学科的教学目标应综合考虑学生的语言技能、语言知识、学习态度、学习策略及文化意识等多个层面，并在此基础上有目的地设计和使用信息技术，以实现这些目标。对学生的基本要求：一是具备较明确的英语学习动机和积极主动的学习态度。学习动机是学习的内在动力，它推动学生不断努力学习，克服困难。学生应该认识到英语对他们的职业和个人发展至关重要，并将学习英语视为一项长期的投资。二是具备听力和口语能力。他们应该能够听懂教师有关熟悉话题的陈述并参与讨论。这需要良好的听力技巧，包括理解口音、语速和不同口音的能力。三是具备阅读和写作能力。他们应该能够读懂相当的读物和报纸、杂志，克服生词障碍，理解大意。写作能力也是重要的，学生应该能够根据提示起草和修改小作文，以表达自己的观点和思想。四是合作和自我评价能力。学生应该能够与他人合作，解决问题并报告结果，共同完成学习任务。合作能力有助于学生在团队中发挥作用，分享知识和经验，提高学习效果。

整合是指将数字工具、平台和资源巧妙地嵌入教育环境，以增强学习体验和提高学习效率。这种融合应该是无缝的，学生不会察觉到信息技术的存在，而是将其视为一种自然的学习工具。

（二）整合的前提

整合英语学科特点与学生的心理特点是促进综合语言技能发展的关键。任务驱动的教学方法为实现这一目标提供了有力工具。通过有机整合听、说、读、写和译等技能，并将其统一在具体问题和任务中，学生能够在实际活动中更全面地学习和运用英语，提高学习效率和学习成果。这种整合方法有助于建立更为综合和有效的英语教育体系，为学生的综合素养提供坚实的基础。为切实增进学生对英语学习过程的认知，教师需精心安排课堂的各项环节、步骤和活动，利用信息技术吸引学生的学习兴趣，以实际任务调动其探索好奇心，采用个性化的方式鼓励学生独立思考，并通过协作学习，促使学生进行有效交流、应用和建构。鉴于学生好动爱说，模仿能力强，记忆力佳，竞争意识浓厚，善于利用所学语言素材进行对话、叙述和表演，教师需策划多样化的课堂交流活动，让学生在学习中实践，将新知应用于实际，巩固和提升其语言技能。

（三）整合的条件

在信息技术与英语教学的整合过程中，基于多媒体和网络的信息化环境建设是必要条件，它迥异于过去视听技术偏重的多媒体有序应用，而是学习教育活动全面融入包括多媒体计算机、多媒体课堂网络、校园网络和互联网等在内的信息化环境中。这并不是盲目追求技术应用，而是在创设最佳学习环境的同时，充分利用信息技术所带来的优势，引导教学方式、学习方式以及教学结构的全面转型。实践证明，信息技术在英语教学中有以下优势。

1. 语言学习环境自然、真实

信息科技现已能够模拟出一种与实际环境相仿的、近似真实的语言学习环境。多媒体技术具备集成性，能够将文本、音频、图像及动态视觉素材集合在一起，呈现全方位的学习体验。相较于传统的纸质教材或录音资源，多媒体计算机为学生展现了一个更加鲜活、贴近真实生活的语言模式，提供的环境设计富有趣味性，易于激发学生的学习热情。当教师进一步将多媒体技术与网络技术结合，便能够拓展英语输入的广度和深度，为学生呈现一个多元、真实的目标语境。这样的设计使学生得以在接近真实的情境下，迎接并解决各种学习任务，从而将学习态度由被动式转变为主动式。这对于帮助学生探索语言学习中的深层规律、建构个人的语言框架具有深远意义。

2. 丰富的资源有利于自主学习

随着多媒体和网络技术的不断进步,学生们现在可以轻松接触到前所未有的教育资源,这些资源有助于引导他们走向自主学习的道路。在数字世界中,学生可以获得比以往更广泛的学习材料,这是一个巨大的优势。众多专业英语学习网站,如新东方网络课堂和洪恩英语网,都为学生提供了广泛的学习机会。除此之外,一系列计算机软件能够呈现出互动友好的界面,专门为学生在口语、听力、词汇、阅读和写作等各种语言技能上提供刻意练习,还可以提供相应的评价反馈。这样的设计,一方面丰富了课堂内容,增强了训练的广度和深度,另一方面支持了个性化的教学策略,更好地激发了学生的学习兴趣和自主学习意愿,使其更容易发掘与掌握知识的核心和技巧,根据自己的需求和兴趣选择学习材料,从而达到传统教学难以匹敌的效果。

3. 更好地体现了素质教育

计算机与网络技术在英语教学中强化了素质教育的理念。在这种充满活力的学习环境中,学生不仅能根据个人兴趣自由学习,还能在丰富多彩的内容中感受并体验到语言的细节与魅力。更为重要的是,学生在学习的过程中,不仅可以拓宽视野、理解外国文化,还可以在实际操作中加强跨文化交际能力。与此同时,与同伴的直接互动也锻炼了他们的创造性思维和团队合作精神。总的来说,语言学习是一个涉及多个感官、多种技能的综合过程,而现代的计算机和网络技术不仅支持这些技能的均衡发展,而且能够在效果上超越传统的教学手段,为学生提供了一个全面的、质量上乘的学习体验。

4. 整合的关键

整合在当下的教学模式中已不再意味着仅采用信息科技作为辅助教育工具。这一观念的核心在于通过信息技术打造出一个优化的学习氛围，在这一过程中，教师、学生及信息技术资源实现深度融合和互动。这种融合旨在建立一种教师为引导、学生为中心的创新型教学结构，从而推进一种将学生置于核心，强调自主学习、探索精神和团队合作的学习方式。此外，通过重塑师生、学生间的关系以及引入新型学习工具，为学生提供充足的学习、实践和反思的空间。学生能够在这个过程中积极探索和运用各种信息和资源，包括来自师生互动、学生之间的交流及与技术的互动交流中所获得的知识，并能够将所学应用于复杂且真实的语境中，从而实现"学中做，做中学，学后应用"的教学效果。

（四）整合中应注意的问题

1. 避免直观形象教学与语言教学脱节

信息技术为教育提供了丰富的工具和资源，可以使教学更加生动和有效。但是，教师的角色仍然至关重要，他们需要在学生使用这些资源的过程中提供支持、引导和反馈，以确保学生获得全面的教育体验。教师不能过于重视视觉材料，如果过于偏重形象的展示而忽略了文字信息的核心地位，那么可能会导致形象教学与语言教学之间出现断裂。因此，教师应在教学设计中特别关注语言学习的关键内容和困难点，确保对教学深度有足够的掌握，合理运用信息技术工具，从而确保达到最佳的教学效果。

2. 把握适时、适度、适当原则

在现代教学中，信息技术已成为教学策略的重要组成部分，但如何正确、高效地运用它仍然是教师面临的挑战，教师应该遵守把握适时、适度、适当原则。"适时"是指教师应该在学生对知识点的掌握和教学效果最大化的关键时刻使用信息技术。"适度"地选用信息技术，意味着将其用于教学中的关键环节，如刺激学生的学习兴趣、突出重点并攻克教学难点，或帮助学生更好地吸收和理解教学内容。"适当"是指教师应该避免滥用信息技术，信息技术是一种辅助工具，不能作为英语教学的主体。在信息技术的运用中，教师需充分发挥其特性和功能，确保信息技术与教学内容紧密结合，从而实现教学的最佳效果。为确保信息技术真正发挥其作用并产生实际效果，教师必须反思以下问题：信息技术是否适合于目前的教学内容、学生的需求及教学目标？在达成教学目标方面，信息技术是否有其他工具所不具备的优势？怎样通过有针对性的教学策略将这些潜在的优势转化为真正的教学成果？如何应对并减少教学过程中信息技术可能带来的负面影响？

3. 把握整体性原则

在整合课堂教学中，教师应以人为本，确保教学内容、方法和目标都服务于学生的真实需求。在教学设计中，教师要遵循以学生为中心的原则，结合学科特性，充分利用信息技术以提高教学效率。不可否认，信息技术与教学的整合需要一个结构性的系统来进行管理和组织。基于此，教师应始终遵循整体性原则，综合考量系统中的每一个环节，从学生、教学内容、目标到使用的多媒体工具和教学方法，确保这些要素之间相互促进，使教学持续创新。重要的是，教师必须认识到，在整个教学过程中，教学策略是最核心的部分。教师追求的是每次教学或系列教学活动在促进学生学习和全面发展方面的实际效果，而不是教学中使用的技术工具的数量或先进程度。

4. 信息技术与多种活动方式的综合运用

多媒体网络技术应该被看作一种有益的工具，它有助于教师和学生更深入地了解世界。在应用多媒体网络技术时，教师必须注意不要将其视为其他学习方式的替代品。教师不能让信息技术完全割裂学生与社会生活的联系，也不能牺牲学生亲身实践的机会。教育的核心目标仍然应该是促进师生之间的互动及学生之间的合作。教师需要赋予学生更多的自主权，让学生有机会处理和分享信息，从而提高他们的主观能动性，同时建立良好的教学关系。

此外，教师应该在充分利用现代信息技术的基础上，注重与传统媒体和教学方法的有机结合，以实现最佳的教育效率。这意味着教师应该根据教育目标和学生需求来选择合适的教学方法，而不是盲目地追求新潮技术。多媒体网络技术只是教育的辅助工具，不能取代传统教学模式。

第二节　信息化时代高校英语教学的内容优化

一、信息化时代高校英语教学优化的价值

随着互联网信息技术的不断发展，学生的学习方式和方法也随之发生了翻天覆地的变化。特别是在高校英语教学领域，信息技术的应用带来了前所未有的变革，从而重新定义了高校英语教学的核心价值。

第一，信息化时代高校英语教学变革最直观的体现是打破了传统的时空教学界限。过去，英语教学多半局限于固定的教室和固定的时间，但在信息化时代，线上英语教学不仅变为现实，更展现了巨大的潜能和可能性。而这种变化并非简单地移植传统课堂到线上，而是通过新型教学模式的探

索和实践，如微课、慕课和翻转课堂，使得英语教学更为生动和丰富。同时，这种变革也为学生提供了更为灵活的学习方式。学生不再需要按时到校上课，而是可以根据自己的需求和时间安排自主选择学习内容和时间。总的来说，线上英语教学的变革是一次跨越式发展，为英语教学带来了全新的机遇和挑战。

第二，信息化时代高校英语教学变革重新塑造了教与学的关系。传统的教学模式中，英语教学往往以教师为中心，而学生很多时候只是被动的接受者。然而，在信息化英语教学环境下，学生的主体性得到了充分的重视。这种教学方法培养了学生的参与度、合作能力、批判性思维和自主学习能力，使他们能够在实际生活中更好地运用英语，并培养出全面发展的能力。与此同时，教师的角色也发生了转变，他们更多地从"传授者"变为"引导者"，使用大数据等先进技术，深入分析学生的学习情况，为学生制定更为个性化、精准的学习方案。这种方式不仅使学生在英语学习中能够更好地找到自己的优势和不足，还为教师提供了更多的反馈信息，帮助他们持续优化教学方法。

第三，随着教学方式的多元化，学生获得了更广泛的资源。他们可以根据自己的兴趣和需求选择最适合的学习方式，从而更加主动地参与到英语学习中来。通过互联网和移动设备，学生可以随时随地获取各种学习资源，如在线课程、学习平台、教育应用程序等。学生可以根据其兴趣和需求选择资源，以满足他们不同的学习风格和学习目标。比如，有些学生可能更喜欢通过在线课程进行系统学习，而有些学生则更喜欢通过看英文电影、听音乐或者参与在线英语社区来提高英语交流能力。这种多元化的学习方式不仅可以提高学生的学习效果，还培养了他们的自主学习和批判性思考能力。学生可以使用各种资源进行自主学习，根据自己的学习进度和需求进行调整和安排。他们可以选择自己感兴趣的主题进行学习，更好地应用语言，从而提高英语技能的实践能力和灵活运用能力。

第四，随着教学方式的多元化，学生也得到了更多的选择权和决策权。他们可以积极参与教学活动的规划和组织，根据自己的学习需求提出建议和意见。这种参与过程不仅提高了学生的学习动力和责任感，还培养了他们的合作能力和团队意识。

二、信息化时代高校英语教学优化的路径

在当今这个信息技术高速发展的时代，高校英语教学的革新已成为提升教学效果和质量的必由之路。与此同时，高校需要紧紧跟随信息技术的脉搏不断地尝试和优化，以期在这个进程中推动高校英语教学实现新的飞跃和突破。

第一，高校应当及时转变教学理念，将信息技术融入英语教学，以此拓展英语教学形式。通过这样的方式，教师可以拓展英语教学的渠道和方法，使其从传统的单一形式跃升到多元化、互动化的新高度。例如，教师可以借助线上教学平台和社交媒体进行互动教学，同时也可以引入虚拟现实等先进技术，为学生构建更为真实和全面的英语学习环境。

第二，高校应当重视并加强信息技术设备的普及和使用。在现代教学中，教师应学会运用多媒体和新媒体技术。例如，通过显示器或投影仪展示精美的图片和图表，教师可以增强学生对英语词汇和句子的理解；通过播放音频和视频材料，教师可以提供真实的语言环境，培养学生的听力和口语能力。此外，教师还可以利用电子白板等互动工具与学生进行互动交流，创造积极的课堂氛围，将信息技术整合到英语教学中，从而为学生创造更生动、有趣和具有吸引力的学习体验。

第三，高校应定期举办相关培训和研讨会，为教师提供学习和交流的平台。这些培训和研讨会可以邀请专家学者和教育从业者分享最新的信息技术应用案例和教学经验，帮助教师时刻保持与时俱进的教学能力和水平。同时，高校还可以组织教师间的互助合作，鼓励教师分享自己的教学研究成果和好的实践经验，促进教学的不断创新和进步。

第四，高校可以建立自己的专业网络英语教学平台，以突破时间和空间的限制，为教师和学生提供持续学习和交流的环境。借助网络英语教学平台，教师可以发布丰富多样的教学资源。学生可以根据自己的学习进度和需求，自由选择学习资源，并通过平台提供的学习管理工具进行学习计划的制订和跟踪。平台可以根据学生的学习数据和学习成果，推荐适合学生自身水平和兴趣的学习内容，并为学生提供针对性的反馈和建议。通过个性化的学习路径和支持，学生可以更好地自主学习，提高学习效果和动力。

第五，高校需要建立一套科学和完善的评价机制，来全面衡量和评估信息化英语教学的效果。这包括但不限于学生的学习进度、学习效果及学生的满意度等方面。通过这样的方式，高校可以更为精准地把握信息化英语教学的方向和趋势，进而进行更为合理和有针对性的优化和调整。

三、高校英语教育信息化改革内容分析

在信息化时代的背景下，英语教学呈现出不同于传统模式的特征。这一转变不仅是对教育技术的运用，更多的是对教育观念的更新和对教育方法的创新。英语教学不再是教师中心、课本中心的教学模式，而是以学生为主体，真正实现学生中心化的教学。在这一过程中，信息技术为英语教学提供了丰富的资源，为学生提供了多样化、个性化的学习方式，使英语

教学更加具有时代感和生活化。同时，信息化的教育环境也为英语教学创新提供了广阔的空间，既满足了学生的实际需求，又培养了学生的创新思维和批判性思考能力。

（一）教学内容以通用英语和专门用途英语相结合

高校英语教学旨在培养学生的英语应用能力，特别是在特定领域的专业英语能力，而不仅是培养学生基本的英语技能。为了达到这个目标，高校英语教学应该结合学生的专业背景，设计与其专业相关的英语教学内容。这意味着教师需要了解学生的专业需求和领域特点，将专业知识与英语教学相结合，以提供与学生专业发展密切相关的语言技能和知识。通过这种方式，学生将不仅能够掌握通用英语，还能够掌握与自己专业领域相关的专业英语，从而更好地为社会和国家的发展做出贡献。这种新的教学思路要求教师不仅要具备扎实的英语教学能力，还需要了解学生的专业背景和专业英语要求。教师可以结合案例研究、行业实践等教学方法，帮助学生在实际情境中运用英语，培养他们的沟通能力、学科思维和解决问题的能力。此外，教师还应该关注学生的学习兴趣和需求，鼓励学生主动参与英语学习，积极探索和发展自己的学术和职业发展道路。

（二）以培养跨文化交际能力为教学目标

跨文化交际能力在当今全球化的背景下显得尤为重要。随着我国与世界各国的交往日益密切，我国需要一大批既懂得英语、又懂得国际交流规则的人才。在这一背景下，我国的英语教育必须注重培养学生的跨文化交际能力，使学生能够在不同的文化背景下进行有效的交流和合作。为此，英语教师不仅要教学生语言知识，还要教学生跨文化交际的策略和技巧，培养学生的跨文化交际意识。同时，要结合实际情况，设计有针对性的跨文化交际教学内容和方法，使学生的英语水平在真实的跨文化交际环境中得到锻炼和提高。

四、信息化教学理念的推广应用

在现代化教育的时代背景下，信息化教学理念和技术为中等职业教育中的英语课堂教学带来了前所未有的革命。这种信息化转型不仅改变了学生学习的方式和方法，而且为教师提供了一个富有创意和创新的教学环境。首先，依靠数字技术，学生能够超越传统的学习时空界限，更高效地利用零散的时间进行学习，为他们提供了一个将学校正规教学与移动化学习完美融合的新平台。其次，信息化教学理念促进了教育内容的重构与创新，如"实践先行，理论跟进"的新教学哲学的应用。各种网络教育平台、微型课程视频、移动应用教育软件和游戏式学习手段与英语课程的完美结合，使得课堂教学更为生动、有序、贴近生活和职业实践。最后，信息化教学方式极大地促进了学生的主动学习。这种转变对学生的未来职业生涯、持续学习和终身成长也带来了长远的影响。主动学习培养了学生的学习动力和自主学习能力，使他们在面对新的知识和挑战时更加自信和适应。这种学习方式让学生习得了解决问题和持续学习的能力，为他们的终身成长和发展奠定了坚实的基础。

在当代的信息技术背景下，教学设计与实施呈现出前所未有的变革。传统的教学模式常面临诸多制约与瓶颈，而信息技术为这些问题提供了突破的可能性。与此同时，如今的教育界已经拥有了多种先进的知识检测手段，这使得学习的真实效果得到了显著提升，为学生提供了更多的实践和模拟实践的机会。这些进步和创新都是在传统的英语教学模式下难以实现的。通过采用生生互评和专家评审的机制，知识的内化和巩固变得更加有效，这充分地体现了现代教学的核心理念："以学生为中心""在实践中学习""终身学习"。但是，要真正实现这一革命性的转变，仅依赖技术手段是远远不够的。教育工作者，特别是一线的英语教师，需要持续地自我提升和实践探索，不断地与时俱进，用现代的、前进的教育思想来装备自己。信息化不仅是一种工具或手段，更是一种全新的教学哲学和视角。教师应当学会有效地利用现代信息技术来整合各种教育资源，以多视角、多维度和多策略的方式来寻找和应用更为实用的教育方法，从而真正实现课堂的现代化和生动化。

第五章
信息化背景下高校英语教学策略与资源建设

第一节　信息化背景下大学英语教学的策略

随着数字化和信息化浪潮的涌现，技术在教育领域的角色日益增强，特别是在网络技术逐渐渗透至各个教育领域之际。对于高校，尤其是大学英语课程，教师面临着融合现代技术和传统教学方法的挑战，以求达到更优质的教学效果。教师不仅需要重新审视和调整自己的教学哲学，更需要在信息化背景下深入探索和研究英语教学的最佳实践，从而制定科学、前沿且高效的教学策略，提高教育质量。

一、高校英语听力信息化教学改革

在当前的高等教育背景下，英语听力教学不仅要注重传统的教学模式，更需要引入信息化的教学策略。在这种策略中，教师不仅是进行传统的备课工作，更是成为教学过程中的设计师。这种基于信息化的教学设计，着重于在信息化环境中，最大限度地利用各类现代信息技术和资源，对教学过程进行科学的规划和组织，从而为学生创造一个充满活力和互动性的学习环境。其中，学生处于核心地位，他们在教师精心构建的教学场景中，以"任务为导向"和"解决实际问题"为学习路径。教师整合信息技术和实际任务，激发学生的学习热情和创造力，进而促进其全面能力的发展。与此同时，教师的角色也发生了变革，他们不再仅是课堂上的"知识传递者"，而是成为学生学习过程中的引导者和协助者，帮助学生在海量的信息中筛选、分析和整合,从而将所学知识运用到实际生活中。

(一)教学手段科技化

1. 计算机多媒体

面对英语听力的教学,信息化手段尤为关键,尤其是在计算机多媒体技术广泛应用的背景下。多媒体不仅可以为学生呈现丰富、生动的听力材料,还可以引导学生投入更多的注意力,增强他们对英语语音、语调的感知和理解。通过灵活地运用多媒体资源,教师可以更有针对性地组织听力活动,激发学生的学习兴趣,进一步培养他们的听力技能。这种以多媒体为辅助的英语听力教学方式,不仅能拓宽学生的听力视野,还能帮助学生在日常生活和学术场合中更好地理解和使用英语,增强跨文化交流能力。

在当今信息化教育环境中,计算机多媒体资源拥有巨大的信息容量,不仅如此,还为英语听力教学提供了多样化和个性化的支持。在具体的教学实践中,教师可以综合运用英文流行歌曲、电影剪辑、新闻报道,甚至名人演讲等多种素材。在选择英文歌曲作为听力材料时,需要考虑学生的认知发展水平,同时综合考虑歌曲的风格、歌词的语言难度及歌曲内在的教育价值。在具体的教学过程中,通常会将歌曲播放三次:首次播放旨在提供审美体验,让学生通过耳机沉浸在音乐和视觉的双重艺术中;第二次播放需要学生进行"听写",在此阶段,教师可根据句子或词组的结构适时停顿,以便学生能够跟随;最后一次播放主要用于核对和修正。

2. 教学软件

在现代教育环境中,尽管互联网上有丰富的英语听力教学资源,但如何系统地筛选、整合并深度挖掘这些资源以满足教学需求是一项挑战性任务。值得注意的是,基于互联网和计算机多媒体技术的信息科技不仅为教师提供了多样的视听素材,还推动了多种教育软件和智能互动平台的快速发展。这些软件通常具有代码简洁、操作便捷且功能强大的特点，能轻松地实现音频信息的文本转化，并支持多用户在线协作。这一系列特性使这些软件尤为适合用于网络环境下的听力教学，有助于弥补传统教学模式的诸多不足。

（二）教育传播信息化

随着计算机、网络和移动终端技术的不断进步，一系列创新型教学模式，如"可汗学院""慕课""微课"及"翻转课堂"等，对传统教育模式产生了深远的影响，同时也拓展了教育领域的新空间。这些模式不仅挑战了传统的教学理念和人才培养方式，也对现有的教育体制和学习模式提出了全面的改革要求。教师可根据教学目标和具体课程内容，精选或自主制作微课程资源，然后通过社交媒体群组如班级 QQ 群或微信群与学生分享。这种方式不仅增强了教学资源的可访问性，也为学生的自主学习提供了更多可能性。同时，网络环境下的即时反馈机制让教师更快地掌握学生的学习状况，从而进行有针对性的教学指导和辅导。例如，借助数据分析和在线互动平台，教师可以及时了解学生在听力练习中的具体困难，从而提供更个性化的解决方案。这种反馈循环不仅提高了教学质量，也极大地增强了课堂内外的互动和交流。因此，教师和学生的课堂参与度得以提升，从而促进了学习效率的全面提高。

（三）教学方式现代化

1. 网络课堂

教师应该构建一个全面而综合的英语听力学习平台，其中应包含多方面的内容，如"听力策略研讨""实时英语新闻解析""视频教程及点播""互动听力论坛"及"在线测评与辅导"等模块，旨在促进学生的自主和协作学习。此外，还可以整合和推荐一系列国内外知名的英语学习网站，为学生课余的自主学习提供丰富的资源和参考材料。

2. 课外实践

为了更好地将学术理论与实际应用相结合，教育机构可以利用其地理和区域优势，组织学生参与各类实际的商务活动。例如，学生可以参加各种贸易谈判会、国内外展览和"全球外包大会"等活动，在这样的真实场景中与国际客户进行交流，从而提高英语听说技能。此外，学校还可以邀请企业界的专家和专业人员来校举办讲座，为学生提供关于未来职业发展的见解和指导，使学生更加清晰地理解本专业的人才培养目标和未来的职业发展路径。

3. 校企合作，建立工作室，进行真实交易

为了更好地促进学校与企业之间的交流和合作，可以尝试打破传统的学校教育和企业实训的界限，建立一个联合工作室或实训基地。在这里，企业可以提供技术人员和实际操作技能的培训，而学校则提供必要的设施和场地。这样的合作不仅能够为教师提供一个了解市场需求的窗口，还能为学生提供一个可以进行实际操作和实习的平台，有助于培养符合社会需求的高技能复合型人才。

二、高校英语口语信息化教学改革

目前，高校英语口语教学的核心目标是培养更多具有实际应用能力的优秀英语人才。为实现这一目标，教师应当尽力采用多元化和现代化的教学方法，以增强学生的学习热情和主动性。此外，教师应致力于为英语口语课堂教学注入更多新颖和前沿的教学理念，以期激发学生的学习兴趣和潜能，进而提升整体的教学效果和质量。

(一)高校英语口语信息化教学实践的重要意义

1. 有效激发学生的学习兴趣和热情

教师需要关注高校学生在英语口语学习过程中所表现出的学习水平和对学习的热情,以重新思考教学方法和策略。相对于传统教学方法,采用信息技术支持的教学策略能够更深入地呈现英语口语的核心内容。这些技术手段不仅为学生提供了多样化的学习资源,还以生动、形象的方式呈现信息,极大地增强了教学的吸引力。此外,通过创建一个更轻松和互动的学习环境,教师能够更有效地提高学生的参与度,进而更好地培养他们的口语能力。

2. 有效改善传统英语口语教学模式

过去,高校英语口语教学的模式主要围绕教师展开,教师过度重视理论知识的传授,这在很大程度上限制了学生的互动机会和实际口语运用。但随着信息技术的应用,教师可以将课堂内容和教学资源整合到在线平台上,为学生提供更为自由、灵活的学习方式。借助网络平台,学生可以更加方便地获取、整合和分享资源,进一步推动英语口语教学向多样化和个性化的方向发展。

3. 极大地丰富英语口语教学内容

传统的英语口语教学往往局限于固定的教材和标准,但随着信息技术和网络资源的快速发展,教师可以更灵活地为学生提供更新、更具针对性的学习材料。在线平台提供了海量、多样化的英语学习资源,这些资源不仅更新速度快,而且更贴近实际,能够更好地满足学生的学习需求。通过利用现代信息技术,教师能够为学生构建更为真实、贴近生活的英语学习场景,帮助学生更加深入地理解和运用所学知识,从而提高学生的英语口语表达和交流能力。

（二）高校英语口语信息化教学实践

1. 科学合理地分析教学目标，奠定信息化教学基础

高等教育中英语口语教学的核心不仅是灌输语法和词汇知识，更重要的是使学生具备面对未来社会与工作场景时必要的交流能力。这就要求教师在信息化环境下提供更为合理、创新的教学内容和策略。在信息化的教学环境中，学生获得了丰富的学习资源和多种互动方式，这不仅加深了他们对语言知识的掌握，还逐步塑造了他们与教师和同学间的高效沟通技巧。随着移动设备在学生日常生活中的普及，学生能够方便地访问在线平台，开展小组讨论、模拟实际对话或模仿标准语调等学习活动。这种学习方式使学生有机会在真实环境中使用英语，增强了他们的跨文化交际能力和批判性思维。

2. 精心设计英语口语教学环节，应用好信息化技术

利用信息化技术进行英语口语教学要求教师具备前瞻性的教学设计能力。针对此，教学活动可细分为三大阶段。首先是预习阶段。教师可在在线平台上传与即将教授内容相关的资料和讨论话题，鼓励学生利用这些材料自行预习，为课堂讨论做好准备。其次是课堂互动阶段。除常规的小组讨论、视频观看和讨论之外，可以设计更多富有创意的活动，如配音挑战、情景模拟等，以增强学生的参与感。还可以鼓励学生进行线上辩论，这不仅能锻炼学生的口语表达能力，还可以培养他们的逻辑思维和团队协作能力。最后是课后反馈阶段。教师可为学生布置与课堂内容相关的作业任务，学生完成后上传到在线平台。教师在此平台上不仅可以为作业评分，还可以为学生提供更具针对性的反馈，助力学生不断进步。

3. 有效借助网络微课平台，不断创新英语口语教学方式

随着现代信息科技呈现出爆炸式增长的趋势，各式各样的移动计算设

备层出不穷，其在高等教育体系中的应用也为英语口语教学带来了更多可能性。这种环境促使教师必须在高等教育领域内，尤其是英语口语教学方面，更精心地运用在线教育平台，并在其基础上持续创新。当前最受青睐的在线教育形式为微型开放在线课程（MOOC）和微课程，这两者可以灵活地嵌入英语口语的课程设计中，不仅可以激活课堂氛围，提高学生的参与度，还能够在多元化的教学活动中逐步提升学生的英语应用能力。由于高校是培养专业人才的重要基地，英语口语作为教学大纲中不可或缺的一环，其质量和效率对整体教育质量具有显著影响。因此，探索如何在现代信息环境下有效提高英语口语教学的质量和效率，以及如何更好地激发学生的学习热情和主动性，成为当下高等教育英语教学领域亟待解决的问题。教师需要积极地引入信息科技，进一步丰富和优化教学内容和方法，为学生提供更多的自主学习和实践操作空间，从而推动高等教育质量的全面提升。

（三）高校英语口语信息化教学改革策略

1.课堂教学准备策略

课堂教学准备策略主要是指教师在课堂教学开始之前所做的有关各项准备工作的策略。教师需要从教学目标、教材、教学对象等方面做准备。

（1）明确教学目标。在教育学的领域内，教学目标被广泛地认为是教育过程中的一个核心构件。教学目标的存在不仅为教师指明了明确的方向和期望，而且为学生提供了一个明确的学术追求和发展的参照。对于英语口语类课程而言，教学目标方向性和参照性的重要性更为凸显。口语，作为语言学习的一个重要维度，其教学目标可以被深入地解读为两个层次：基础语言构建和实际交际能力的培养。在基础语言构建层面，学生需要深入地理解和掌握与口语交际相关的词汇、语法结构和各种句型。这为他们在复杂的语境中流利、准确的表达提供了坚实的基石。而在实际交际能力的培养方面，学生则需利用其已获得的语言基础，来实现真实情境下的有效沟通和信息交换。

在设计教学目标的过程中，教师应当考虑到目标的实际性和操作性。这意味着教师不能仅设定一个宽泛或抽象的目标，而是应该基于学生的实际能力和当前的学术水平，为学生制定一系列更为具体和可操作的子目标。每一个子目标都应与具体的教学活动和练习相对应。这种方法确保了教学过程中的每一个步骤都是有目的和方向的，从而避免了盲目的、无效的教学，并最大化地提高了教学的效率。更为关键的是，当学生对于教学目标有了明确的了解和认识，他们可以更加有针对性地进行学习，更加明确自己当前的水平和应当达到的水平之间的差距。这种对差距的认识，还有他们对自身的责任感，以及对于提高口语交际能力的迫切需求，为他们提供了一个持续进步、努力追求更好的动力。

（2）灵活运用教材。随着现代化的步伐，大学英语口语教材的水平参差不齐，因此，教师在选择和运用这些教材时必须具备高度的洞察和判断力。单纯依赖教材或者机械的应用很可能会降低教学效果。基于学生的背景、兴趣和能力，教师应有针对性地对教材进行适当的调整和补充。具体措施：一是教材中那些过时、零碎或与实际语言交际规则不符的内容应当被删去，一些不太重要的语言操作练习可以转为课后练习而不必在宝贵的课堂中体现；二是为了满足特定的教学目标，教师可以根据需要增添一些内容，这些内容不仅应考虑教学的实际情境，还要考虑学生的接受度和实用性；三是适当的改编可以使教材更加贴近学生的实际情况，如调整内容顺序、根据学生的语言表达习惯进行适应等；四是当教材中某些部分不完全符合课堂需求时，教师应灵活替换，选用其他更合适的材料。

（3）了解教学对象的认知风格。学生作为学习的中心，对教学过程起到决定性的作用。如果教师想要实现高效的教学,了解学生的认知风格、认知水平、年龄特点及学习习惯就显得尤为重要。学生的认知风格决定了他们处理信息和学习新知识的方式。这些方式多种多样,要求教师能够因材施教,针对每位学生的特点进行调整。例如,有些学生可能偏好视觉学习,而有些学生则更喜欢听觉或实践方式。此外,不同年龄段的学生有着不同的心理和生理特点。大学生虽然已经进入成年,但他们的性格、认知和情感仍在成长和变化之中。他们可能对外界环境特别敏感,既关心教师的评价,又重视同伴之间的互动和认可。因此,教师在口语教学中应特别注意其言辞和行为,确保营造一个积极、互助和尊重的课堂氛围。

2. 课堂教学导入策略

(1) 课程导入的基本准则。首先,导课的设计必须符合本节口语课的教学目标。导课的内容必须能够与教学内容相联系,不能脱离教学内容。由此可见,教师必须准确把握教学内容,确保教学内容的科学性,不然导课只能是一种形式,无法起到真正的作用。其次,导课必须立足于授课对象的年龄特点、心理特点、知识能力基础等实际情况。再次,导课要运用"先行组织者策略"。先行组织者策略最早是由美国著名的教育家奥苏贝尔提出的。它是教师利用自己的背景知识来帮助学生学习信息的一种方式,指在学生已经知道的断裂处建立沟通的桥梁。最后,导课必须简洁。简洁要求教师用简短的话语和最短的时间,使师生之间的距离得到迅速而巧妙地缩短,使学生能够在课堂上集中注意力。一般来讲,导课不能过长,过长会影响整个教学过程。相关实践表明,导课一般以2~3分钟最为合适。

(2) 课程导入的基本方法。一般来讲,口语教学中主要有以下几种导课方式。

①图片导入。当今的口语教材大多配有插图，而且每一单元都配有与教学内容相关的插图。教师可以在导入时充分利用教材中的插图。例如，可以让学生先不看教材，让他们根据图片猜测今天要学习的主题，或请两位学生运用简单的语言来描述图片，以激活学生的认知图式，从而使学生开口说英语的动机得到激发。

②话题导入。教师可以按照课堂教学内容，提出一个话题让学生先讨论，然后由学生发言。学生在发言过程中，往往会遇到很多与表达主题相关的生词、短语等，学生在这个时候便会迫切想要掌握这些阻碍其表达的内容，借此机会，教师便可以将教学引入语言教学阶段，从而为活动交际阶段打下坚实的基础。

③设疑导入。教师在开始上课之前，可以有意识地设置一些启发性问题，但不能直接告知学生答案，目的在于引起学生的思考，设置悬念，从而能够在一定程度上提高学生的学习兴趣。设置悬念通常是由一定的情节引起的，而不是由一个简单的问题引起的，因为这样不仅可以激发学生的好奇心，还可以激发学生的求知欲，从而使学生获得强烈的学习动力。

④媒体导入。随着多媒体技术的迅猛发展，各大高校都开始采用计算机辅助外语教学模式。在口语教学中，教师可以以各种各样的音频或视频材料为导课内容，从而极大地提高英语口语的教学效率。由于多媒体具有较强的可视性、较高的信息密集度，可以使学生的好奇心得到激发，从而进一步调动学生的学习兴趣。

⑤创境导入。教师可以通过语言和电化教具等手段，营造生动的教学情境，模拟真实的交际环境，触动学生的情感，使他们产生共鸣，从而激励他们尽快融入新的教学情境。

课程导入的形式多种多样，其目的只有一个：激发学生的学习兴趣，启迪他们的心智，使他们减少焦虑，乐于开口说话。由此可见，导课也是一种创造性教学活动，体现了教师的智慧，为一堂课的成功奠定了基础，为教师顺利授课提供了良好的条件。

三、高校英语阅读信息化教学改革

高校信息化教学方法的研究与运用的根本目的是提高教育质量。对于在高校信息化改革中建立起来的新的教育理念、新的教育模式、新的教育方法、新的教育设施和新的管理方式，最重要的检验标准就是看它是否提高了教育质量。在英语阅读教学中实行一系列改革，将信息技术与英语阅读教学的过程整合起来，以形式多样、内容丰富的教学手段开展教学，可以逐步提高学生的自主学习能力、知识应用与创新能力，进而提高学生的就业能力和社会竞争能力。

（一）信息化英语阅读教学的特点

第一，信息化教学模式下的英语阅读教学变得生动形象。与传统的以文字为主的阅读教学相比，信息化教学能够提供丰富的视听资料，如图片、动画和视频等，从而使得教学内容更具吸引力和生动性。例如，教师可以在课堂上通过播放与课文内容相关的视频，将单调的文字转化为丰富多彩的情境，让学生仿佛置身其中。这种方式不仅能激发学生的学习热情，还能让他们更加直观地理解和掌握知识。

第二，信息化教学模式下的英语阅读教学可以有效地培养学生自主学习的能力。在这种模式下，学生不再是被动的知识接受者，而是能够根据自己的学习需求和兴趣，选择合适的学习资源和方法。教师则可以根据学生的实际情况进行个性化教学，为不同层次的学生提供差异化的学习任务和指导。例如，基础较差的学生可以选择较为基础的学习资源，而基础较好的学生则可以挑选更为深入和更具挑战性的内容。这种方式不仅尊重了学生的个性差异，也让每位学生都能在最适合自己的方式下进行学习，从而提高学习效果。

第三，运用多媒体网络可以提高学生的英语阅读能力。学生可以通过网络了解更为广泛和深入的知识，如西方国家的历史、文化、社会和日常生活等。这不仅能够丰富学生的知识面，还能帮助他们更为深入地理解阅读材料的内容和背景，从而提高阅读的速度和效率。例如，当学生在阅读有关西方节日的文章时，可以通过网络查询相关的历史和文化背景，从而对节日的含义和重要性有更为深入的理解。

（二）基于信息化的英语阅读教学模式探索

1. 高校英语阅读教学亟待改革

阅读在人类知识获取和传播体系中占有举足轻重的地位，尤其在英语学习中，它是学生最主要的知识获取途径之一。在英语的综合能力培养体系中，阅读能力具有核心价值。然而，目前在高校英语教学环境下，传统的教学模式主要侧重于单词、句型的解释和阅读材料的逐字翻译。课堂内阅读材料中出现的语法点成了教学的重心，以至于学生感觉阅读学习过程刻板而枯燥。这种教学方法忽视了阅读实际上是一个非常复杂的认知过程。在这个过程中，学生需要不断地总结阅读技巧，主动吸收信息，并逐步形成自己的知识体系。更重要的是，阅读能力不仅关乎"读"的单一技能，还与听、说、写、译等多方面能力密切相关。优秀的阅读能力能够提升个人的其他综合素质，包括但不限于陶冶情操、拓宽视野以及提升个人文化底蕴。因此，构建一个符合现代教育理念的、有效的英语阅读教学模式对于提升学生的整体英语水平具有至关重要的意义。

2. 英语阅读教学的协作法模式

协作式教学法在英语阅读教学中的应用通常意味着将学生分为几个小组，以小组为基础单位，形成一个包括教师和教学硬件在内的教学共同体。这一教学模式不仅鼓励学生之间的互动和合作，还强调教师与学生之间的双向交流，共同完成各种阅读教学任务。这种方法优化了教学资源的分配和利用，旨在实现最优的教学效果。在传统教学模式下，阅读材料的设计主要是提供与阅读内容紧密相关的问题以供课堂讨论。然而，在基于信息化的协作式英语阅读教学模式中，教材的设计更进一步。每篇阅读材料后面都会附带与主题密切相关的讨论问题，这些问题更注重激发学生之间的合作学习动力。

通过信息技术的加持，这种教学模式能够实现更高效的资源整合和信息传播。例如，可以将阅读材料与相关的多媒体资源（如视频、音频等）结合起来，以丰富学生的学习体验和提高他们的理解能力。这样做不仅能够激发学生的学习兴趣，还能帮助他们更好地理解和掌握阅读材料中涉及的各种知识点和主题。

3. 英语阅读教学的竞赛模式

在现代教育环境中，竞赛模式被广泛应用以激发学生的学习激情。将学生分为多个小组并配备组长后，教师在课堂中布置与阅读相关的任务。利用现代网络媒介，学生可以实时查询并整合相关知识来完成任务。在规定的时间结束后，各组通过组长展示自己的工作成果。此种模式无疑能够大大调动学生的积极性。内部团队的合作和团队间的竞争让每个学生都能在各自的位置上发挥出最大的价值。对于那些英语基础较弱的学生，这种模式提供了一个绝佳的实践和学习机会，使他们更加积极地参与学习，减少对英语阅读的厌恶感。

四、高校英语写作信息化教学改革

当今,以计算机、多媒体和网络技术为代表的信息技术已广泛应用于人类政治、经济、文化等各个领域,引发了人类社会在各领域的变革,这种变革对传统的教学方式产生了强大的冲击。以现代信息技术为基础,英语教学可以整合更丰富的教学资源,在教学技术上深得学生喜爱。随着全球经济合作的快速发展,各类职业岗位对英语写作的要求也在提升。在这种情况下,英文写作的重要性越发凸显。将信息技术应用于高校英语写作教学可以优化对网络资源的利用,创新英语写作教学模式。

(一)信息化教学应用于高校英语写作教学的意义

信息化教学,简言之,是一种借助现代信息技术手段,通过现代教育媒体、信息资源及教育技术方法进行的教与学的活动。它建立在现代信息技术的基础上,受到现代教育理论的启发和指导,强调对传统教学模式的革新与完善。此模式的主要特点在于其时代感和内容丰富度。教师可以轻松地获取和整合来自世界各地的最新资讯、研究和实例,为学生提供多角度、多维度的写作素材。此外,这种模式的灵活性和多样性使得教学能够更好地适应不同学生的学习需求和习惯。基于信息技术的英语写作教学,可以帮助学生更好地利用网络资源,培养他们的信息检索、分析、整合和应用能力,从而提高他们的写作水平。

随着现代信息技术的发展,高校英语写作教学面临前所未有的机遇与挑战。信息技术为教学领域提供了一个创新的、动态的环境,这对传统的英语写作教学模式带来了深刻的变革。一方面,网络信息技术的介入逐渐改变了教师在教学过程中的角色。教师不再仅是信息的传递者,而更多地扮演着学生学习的指导者、协助者和伙伴的角色。信息化不仅为英语写作教学带来了便捷高效的工具,还为教学模式创新提供了可能。通过信息化手段，教师能够更加科学地进行课程设计，有针对性地提高教学效果，确保每一个学生都能得到最适合自己的教育资源和方法。另一方面，信息化手段丰富了英语写作教学的形式和内容，打破了传统固有的教学框架，激发了学生的学习兴趣和主动性。例如，通过多媒体技术，教师可以直观、生动地展示写作实例，帮助学生形成正确的写作观念；利用网络技术，可以为学生提供丰富的写作素材和范文，甚至可以建立学生之间的互动讨论平台，鼓励他们进行写作技巧和策略的分享和交流。

（二）信息化教学在高校英语写作教学中的应用模式

考虑到高校英语教师的信息技术水平、学生的实际情况，以及当前高校信息设备、资源、技术和网络环境等条件，一方面，教师可在课程教学上采用成熟的多媒体技术、利用丰富的网络资源和网络平台进行教学。另一方面，在课外学习指导上，可以利用师生交流平台和移动设备完成对学生的写作指导和辅导。

1. 多媒体教学辅助高校英语写作教学

多媒体技术集合声音、图片、视频为一体，带给学生的视听感受是传统的英语教学课堂所不能比拟的。网络上英语学习资料众多，教师利用起来得心应手。教师应当充分利用多媒体技术从英语语法、单词、句子、段落上为学生分析，并通过生动的图画和音乐来吸引学生的注意力。在英语写作课程中最常用的便是借助 PPT 及 Flash 进行相关教学内容的讲解。教师可以将教学内容呈现在 PPT 上，用这种文字、声音、图画、动画相结合的方式给学生带来一堂生动多彩的英语写作课程。将多媒体技术运用在教学工作中能够有效提升学生的学习兴趣，让学生更为直观地了解课本上的内容，调动学生的主观能动性，提高学生的英语写作水平。

2. 网络平台在高校英语写作教学中的广泛应用

在当前数字化快速发展的背景下，网络平台作为一种教学媒介，在高校英语写作教学中的应用已越发广泛。从教师的角度看，网络技术使得教师能够高效地管理与分析大量与学生写作水平息息相关的数据。借助数据分析工具，教师不仅能对学生写作中常见的语法错误、拼写失误进行精准地定量分析，还能从中挖掘出学生在写作过程中可能遇到的问题和挑战。这一系列数据不仅有助于教师更为系统地了解学生的写作水平，还为制定个性化教学策略提供了有力的数据支持。

对于学生而言，网络平台不仅是信息获取和知识储备的渠道，更是一种多元、开放的学习社群。与传统教学模式相比，这种在线互动环境为学生提供了更为自主和平等的学习体验。它不仅鼓励学生分享自己的写作观点和方法，还促使他们在批判性思考和创造性表达上取得更大的进步。这种自主性与互动性极大地推动了学生在英语写作方面的能力和兴趣，实现了教育效果的最大化。

3. 在线英语写作辅导

传统的英语课堂时间有限，难以涵盖英语写作这一复杂多面的教学内容。在这种局限性下，如何高效地进行写作教学和个性化指导成了教师和学生共同面临的问题。在线交流平台，如社交媒体群组、博客和论坛，提供了一个灵活的解决方案。这些平台不仅可以容纳更多样化的教学资源，比如由教师精选的优秀作品、具有教学价值的文献，还能成为师生之间及时、针对性交流的桥梁。例如，教师可在平台上分享经典的中英文对照文章或高质量的写作范文，以激发学生的学习兴趣和启发他们的写作思路。

在线环境中的实时反馈机制也为写作教学的效率提供了有力保证。教师可以通过平台及时点评学生的作业，标注出需要改进的地方，并给出具体的建议和方案。这样的即时交流不仅让问题得以迅速解决，也使教学活动更具针对性和灵活性，进一步加强了教师与学生在教学过程中的互动和合作。

4.充分利用学生的移动设备进行教学

在当前的数字化教育背景下，移动设备已经成为教育工具的延伸和补充。对于数字资源有限的高校，鼓励学生运用智能手机、平板电脑等移动设备是十分必要的。借助这些工具，学生能够更加高效地与教师互动，达到深度参与教学活动的效果。同时，这也使得教育资源的不均衡在一定程度上得到了缓解，移动设备为学生打开了一扇探索知识的新窗口。但是，教师也必须认识到过分依赖数字工具的风险。在高等英语教学中，如果教师仅是为了应用技术而使用，而不是为了真正提高教学效果，那么这种"全媒体，缺教学"的做法是不可取的。因此，对于英语教师来说，不断地更新自己的教育观念和教育技术是至关重要的。教师需要探索出适合学生的教学方式，让信息技术真正地服务于教育，而不是单纯地成为一个展示工具。

信息技术在英语写作教学中的应用无疑为学生提供了更为广阔的学习空间。为此，教师需要不断地完善自己的教育方法和策略，确保技术的应用能够真正地帮助学生提高其语言技能，使学生在学习的过程中能够体验到乐趣，达到真正的"教与学"的双赢局面。

五、高校英语翻译信息化教学改革

（一）高校英语翻译信息化教学的意义

在当下全球化浸透所有领域的背景下，英语翻译在高等教育中起着至关重要的作用。随着市场对具有专业英语翻译能力人才的需求不断增大，高校不得不思考如何将专业知识、翻译技能和市场需求融合，以使得学生在毕业后能满足市场的需求。信息化教学作为一种现代化的教学方式，能为翻译教学注入新的动力，因此值得教师和研究者进行深入研究。在信息化教学下，教师的教学模式和理念将得到改革，学生的学习方式和思维方式也将得到提升，这将更好地服务于翻译教学的发展和学生的就业竞争力的提升。

1. 提高英语翻译教学质量

语言翻译，特别是英语翻译在经济全球化中的作用越来越显著，在这个背景下，教师应该将更多的注意力放在如何提高翻译教学质量上。因此，教师需要思考如何在更长远、更实际的视角下进行翻译人才的培养。信息化条件下的教学方式能够很好地满足对翻译人才的需求。借助信息化手段，能够将翻译教学转向更具实践性的方向，使得翻译教学更生动、更真实、更直观，将翻译与实际社会环境更紧密地结合起来，能使培养出的翻译人才更具有竞争力。

2. 改进高校英语翻译教学方式

在现代教育领域，以数字技术、多媒体手段及网络通信为基础的信息化教学已逐渐成为主流。这种教学手法通过富有互动性的学习环境，突破了传统的单调、二维和抽象教育模式的局限。信息化教学提供了文本、音频、图像及动态内容的丰富资源，不仅使学生能够根据自己的学习需求和节奏进行灵活选择，还增强了师生和生生之间的互动性。教师能够更直观地了解学生的学习进度和需求，从而优化教学方法和提高教学效果。此外，学生通过这种方式，能够增强自主和团队合作的学习能力，进一步提高英语翻译和应用的整体水平。

（二）高校英语翻译信息化教学课程设计

1. 教学目标

制定教学目标是教学实施和评价的基础和依据。以信息化为核心的翻译教学不仅需要注重社会发展和环境变化的挑战，还要确保课程内容与"培养实际应用能力"这一核心目标相匹配。利用现代信息技术，教师应引导学生掌握资源搜索、理论掌握、实际操作和自我评价的能力，使学生从被动的学习者转变为主动的参与者和合作者。高校英语翻译教学的目标是培养出不仅能将专业知识和英语技能相结合，还具有独立思考、跨文化交流等多元技能的应用型人才。

2. 教学环境

信息化教学环境对传统翻译教学进行了革新和更新，摒弃了静止、抽象化的翻译理论和教学技巧，取而代之的是更实用、更直观、更生动的教学模式。信息化教学充分利用了丰富多样的真实语料，通过多媒体教室和网络学习平台提供支持，为学生创造了逼真、生动、直观和立体的教学环境。现代信息技术的应用让师生之间的互动变得更加便捷，不仅在课堂内，还延伸到课堂外。多媒体教室提供了丰富的视听资料和互动工具，让学生能够更加直观地理解和学习翻译技巧。通过网络学习平台，学生可以随时随地接触教学资源，参与在线讨论和交流，与老师和其他同学进行互动，扩大了翻译教学的信息量和参与度。信息化教学环境的优势还在于激发学生的积极性和主动性。多媒体教室和网络学习平台提供了更多的学习资源和交流机会，让学生更主动地参与翻译教学活动。学生可以通过实际的案例和真实的语料进行翻译实践，提高翻译技能水平。同时，学生还可以在在线讨论和团队合作中相互学习和交流经验，培养合作意识和创新能力。

3. 信息化教学平台设计

在高校的英语翻译教学环境中，信息化教学平台的设计和运用占有至关重要的地位。教师需要依靠现代信息技术来构建一个与学生的学术、生活和学科背景相结合的仿真翻译环境。这样的设计旨在通过教师的指导和协调，使学生能够在更具真实性的情境中完成学习任务。

教学活动可以分为课堂内和课堂外两种，其中，多媒体课堂教学和信息化教学平台共同构成一个相辅相成的有机体系。在多媒体课堂教学中，教师需要细心筛选翻译教学的内容，突出翻译理论知识和技术的讲授，加入典型案例进行练习，并对平台活动中出现的问题提供及时的反馈和解答，以确保学生能够系统地掌握翻译的基本知识和技能。信息化教学平台则负责提供翻译理论的补充材料、翻译素材库、辅助工具和教学管理模块，以支持和加强多媒体课堂教学的效果。

（三）翻译信息化教学改革策略

1. 树立以学生学习需求为中心的教学思想

在信息化时代背景下进行高校教育改革的核心理念是把学生的发展放在中心位置。英语翻译教学应该基于学生的学习需求来设计。因为大学英语教学涵盖了英语专业和非英语专业的学生，教学目标必须根据不同的学生需求来设定，确保教学目标与学生的实际需求相匹配。教育改革需要明确目标，即培养学生掌握专业的知识和技能，同时具备实际语言应用的综合能力。这样可以使学生更好地适应未来的就业市场，为社会各行各业培养出既懂专业知识又具备翻译能力的高素质综合人才。

2. 构建专业化的师资队伍

一个合格的英语翻译教师，除了拥有基础的教育背景和教育方法，还应具备持续学习的意识和扎实的翻译实践经验。而对于高校而言，为了确保教学质量，不仅需要吸引拥有丰富英语实践经验的教师，还应考虑聘请具有实战经验的行业专家或业界领军人物，作为兼职教授参与教学，整合各方资源，以确保构建一个既具备理论深度又有实践广度的教学团队。在这个信息化盛行的时代背景下，教师应更加积极地探索和采纳创新的英语翻译教学方法，以多媒体技术为辅助，为学生提供一个更加科学和系统的学习环境。

3. 利用多媒体和网络技术教学

（1）网络学习环境。网络技术所带来的最大优势之一是为师生创造了一个间接、非面对面的交互学习环境。这种新型学习方式有效缓解了学生直接与教师交流时可能产生的紧张和压迫感，同时赋予了学生更大的自主性。教师可以在校园网上发布一些预设的翻译教学内容和模块，使学生能在非课堂时间自我学习和实践。此外，网络平台还使教师有能力有针对性地提高教学难度，加深学生对英美文化和跨文化交际的理解，进而拓展学生的国际视野。而学生们可以借助网络资源自主阅读双语文章，进行实时翻译，继而模仿原文的写作风格，从而在实践中不断提升自己的阅读、翻译和写作能力。

（2）多媒体翻译教学。在数字化技术蓬勃发展的背景下，现代化的教育模式迫切需要结合多媒体手段，进一步提升英文翻译课程的教学水平。然而，各高校的具体状况与学生群体的差异导致现行统一教材及其配套的多媒体内容不能满足翻译教学的全面性和个性化要求。为了适应各校和不同学生层次的需求，教师应当依据自身教学环境，开发和设计合适的多媒体教材。当今的多媒体翻译教程为各个学院的英文教学提供了定制化的方案，与学生的知识背景和接受能力相匹配。通过与实际情境相结合的教学内容，使一些抽象的翻译理论更为形象和直观，学生的学习兴趣被大大激发。此外，多媒体教学还能够促进师生之间的互动与交流。为了确保学生能够全面而系统地掌握翻译的基本技巧，课程不仅整合了翻译的方法，还补充了相关的中西文化知识。教师应当根据学生的不同需求和能力，设计灵活的课程内容，使英文教学氛围得以更新，同时创造出真实的语言应用场景。

（3）丰富的翻译教学资源。在信息技术飞速进步的今日，知识已经无所不在，为英语教学提供了无穷的教育资源。网络强大的数据查询功能为学生打开了一个新世界的大门，他们可以在校园网、各种英语学习平台和专业网站中找到所需的英文翻译学习材料。学生根据自己的专业背景、兴趣和学习目标，能够更有针对性地选择翻译教材进行实践。同时这也为教师提供了一个实时监测学生学习进度的机会，他们可以为学生提供"一对一"的指导，及时识别学生在翻译实践中遇到的问题，并将这些建议分享给整个班级，确保学生能够从实践中受益。

4.利用网络资源改变传统的大学英语翻译教学模式

在全球数字化的大背景下，英语翻译教育应当摒弃陈旧的传统教学方法，转向更现代、更与时俱进的教学模式，使教学内容与时代同步、教材选择与学生需求匹配，以及教学方式更具针对性和灵活性。

（1）英语翻译教学内容。选择合适的翻译教学内容，无疑是当代英语翻译教育中的核心议题。为确保教学内容的及时性和与现实生活的契合度，我们必须确保所选内容能够反映当前的社会动态与主流意识形态。这样的内容不仅能够为学生提供一个与时俱进的学习平台，还能激发他们对翻译的深入认识和对实际价值的探求。在选择翻译材料时，教师需要将学校的专业特色和学生的具体需求纳入考虑，避免选择那些过时或难以理解的内容。同时，英语翻译教学中条理清晰、系统性强的内容与翻译素材不仅是达成教学目标的关键，也是培养学生英语综合应用技能的基石。

（2）对于英语翻译课程的深化构建。在当前的教育环境中，课程建设的重要性不言而喻。首先，为确保翻译课程内容的持续创新和与时俱进，教师必须不断更新和扩充翻译素材库，从大量的实际翻译中提炼出基础理论，进而形成对翻译实践活动的指导原则。这样，翻译教学才能够确保内容的前沿性、广泛性和层次性。需要强调的是，精通英语翻译技能并非一蹴而就，而是需要学生长时间、系统地学习和实践。

（3）英语翻译教学手段。对于教学手段，将课堂讲解与实际操作相结合，增加课外辅导，无疑是提高学生整体英语学习效果的关键。通过实际操作，学生能够在实践中归纳和总结相关的翻译方法与技巧；而在课外，教师及时地指导和反馈可以帮助学生解决实际操作中遇到的问题，进一步巩固学习效果。此外，教师应密切关注学生的学习情况，根据学生的需求和进度，调整和更新教学内容和策略，确保教学方法与学生的实际需求和能力相匹配。

第二节　信息化与大学英语教学资源建设

随着信息技术的飞速进步，教育领域已经深度融入了信息化元素，使教学资源变得更为丰富和多样。接下来，本节将深入探讨与英语教学相关的信息化资源的建设及其影响。

一、信息化教学资源

（一）信息化教学资源的定义

"资源"指的是可以供人类开发和使用的所有物质、能量和信息。在教育技术的语境中，资源更具针对性，特指那些有助于教学的各种媒介和工具。狭义上，教学资源为直接应用于教学活动中的媒体设备和教材。然而，更广泛地看，教学资源涵盖了教师、学生、物质条件和信息资源等各个方面，综合体现为促进有效教学和学习的所有条件和手段。这些资源也常被称为"学习资源"，旨在支持整个教与学过程。

信息化教学资源是教学资源中的一个特殊子集，重点在于信息化的特质。它主要由有序、结构化的信息组成，这些信息都是经过筛选和组织的，专为满足学生需求而设计。狭义上的信息化教学资源特指数字格式的教材，这些材料包括但不限于数字化的文献、教学软件和补充教材。而广义上，它还涉及数字化的教学环境，如各种教育软件和应用程序。

（二）信息化教学资源的分类

在信息技术日新月异的今天，信息化教学资源也日趋丰富和多元化。它们在教学过程中起着举足轻重的作用。我们可以从多个方面对其进行详细的分类和解析。

1. 从技术发展的角度分类

（1）多媒体素材：包括文本、图片、声音、视频、动画和电子书等。这些是信息化教学资源的基石，为教学活动提供了丰富的可视化和可听化的材料。

（2）多媒体教学软件：基于个体设备运行的教学软件，用于辅助教师进行教学设计和实施。

（3）网络教学软件：基于Web环境运行的教学软件，能够为线上教学和远程教育提供便利。

（4）集成性教学系统：一种综合各类教学资源和工具的教学平台，可为教育工作者提供一站式的教学服务。

2. 从建设的角度分类

（1）素材类教学资源建设：涉及媒体素材、试题、试卷、文献资料、课件与网络课件、案例、常见问题解答和资源目录索引八大类的构建。

（2）网络课程建设：包括在线课程的设计、开发和实施，是信息化教学资源的基础和核心。

（3）资源建设的评价：涉及对已有资源的质量、效果和适应性的评估，为资源的持续改进提供依据。

（4）教育资源管理系统的开发：针对各类资源的集中管理和维护，以确保资源的高效利用和更新。

目前常见的信息化教学资源主要包括九类，分别是媒体素材、试题库、试卷、课件、案例、文献资料、常见问题解答、资源目录索引和网络课程。在教学中可以根据实际需要，增加其他类型的资源。

二、信息化教学资源的应用原则

在选择和设计信息化教学资源时，首要任务是研究现有资源是否可以满足教学需求。尽量挑选和利用现有资源可以大大节约时间、资金和精力。当现有资源不能满足需求时，可以考虑进行适度的调整以满足教学目标。如果没有合适的资源可用或调整，那么需要从头开始设计和制作符合要求的教学资源。选择教学资源时应该遵循以下原则。

（一）目标控制原则

教学目标是一切教学活动的出发点和最终归宿，不仅规定了教师的教学活动内容和方式，而且还控制了资源类型和资源内容的选择。

（二）内容符合原则

不同的知识点需要不同的教学资源，因此对教学资源的选用和设计应充分考虑教学内容的需要，根据需要选择工具。

（三）对象适应原则

根据不同年龄段学生的认识结构差别，教学资源的设计与选择必须与教学对象的年龄特征相符合。

（四）最小代价原则

根据最小代价来进行教学资源的选择，既要考虑资源的可用性，又要考虑资源的成本，争取做到资源的成本最低化，资源的作用最大化。

三、英语网络教育资源建设

（一）网络教育资源建设

1. 国内外基础教育网络教育资源建设的现状

目前，已经有很多国家先后建立教育资源门户网站，国外对网络教育资源库建设并没有一个统一的定位，大都根据教学实际和科研需求而提供相应的内容，表面上看起来零散的资源却能为用户提供有效的服务，信息渠道除了互联网还包括大量的图书馆和资源中心，用户可以通过多种方式获取信息。

我国已初步形成现代化教育资源体系的雏形，但各校资源建设的速度和质量还需提升，资源建设仍然是当前影响网络远程教育发展的瓶颈，教育资源仍是各高校十分关注和需要解决的课题。

2. 教育资源素材开发工具

多媒体素材库包括各类文字素材、图形素材、图片素材、音频素材、视频素材、动画素材等。文本素材的开发可通过传统的键盘输入、语音识别输入、扫描识别输入外，还可以采用文本抓取工具抓取文字，然后采用写字板或 Word 进行编辑整理。

图形、图像素材的采集可通过软件创作、扫描仪扫描、数码相机拍摄、数字化仪输入，从屏幕、动画、视频中捕捉。

音频素材的采集与制作可以通过计算机的声卡，从麦克风中采集语音生成 WAV 文件，从 CD 或 VCD 中的音乐中抓取或转化成 MP3、VOF 等格式的声音文件。

视频采集可用视频捕捉卡配合相应软件采集录像带上的素材，还可以利用超级解霸等截取 VCD 上的视频片段或把视频文件 DAT 转成 AVI 文件等。

动画素材可用相关软件制作二维或三维动画。当然多媒体素材资源库的建设还可以购买数字媒体资源，如资源光盘、资源数据库等或从互联网上搜寻下载大量分散的免费资源。

有了优秀的素材，还要对其进行筛选和数字化再加工，避免资源的重复建设和浪费，并上传共享，对外开放，与外界交流，避免重复开发，使已建成校园网、实现"校校通"的学校充分共享资源。调动所有能调动的相关人员，在统一规划与指导下参与到资源建设中来，以发挥每个人的智慧与创造性，及时为教育资源库补充新鲜血液。

3.英语网络教育资源建设的理论基础

（1）建构主义学习理论。建构主义也译作结构主义，是认知心理学派中的一个分支。建构主义理论一个重要概念是图式，图式是指个体对世界的知觉理解和思考的方式，也可以把它看作心理活动的框架或组织结构。图式是认知结构的起点和核心，或者说是人类认识事物的基础。因此，图式的形成和变化是认知发展的实质，认知发展受三个过程的影响，即同化、顺应和平衡。同化是指学习个体对刺激输入的过滤或改变过程。也就是说个体在感受刺激时，把它们纳入头脑中原有的图式，使其成为自身的一部分。顺应是指学习者调节自己的内部结构以适应特定刺激情境的过程。当学习者遇到不能用原有图式来同化新的刺激时，便要对原有图式加以修改或重建，以适应环境。平衡是指学习者个体通过自我调节机制使认知发展从一个平衡状态向另一个平衡状态过渡的过程。

建构主义源自关于儿童认知发展的理论,由于个体的认知发展与学习过程密切相关,因此利用建构主义可以较好地说明人类学习过程的认知规律,即能较好地说明学习如何发生、意义如何建构、概念如何形成,以及理想的学习环境应包含哪些主要因素等。总之,在建构主义思想指导下可以形成一套新的比较有效的认知学习理论,并在此基础上实现较理想的建构主义学习环境。

建构主义学习理论和建构主义学习环境强调以学生为中心,要求学生由外部刺激的被动接受者和知识的灌输对象转变为信息加工的主体、知识意义的主动建构者;要求教师要由知识的传授者、灌输者转变为学生主动建构意义的帮助者、促进者,依托多媒体计算机和网络技术建立英语教育资源网,正是建构主义学习环境下的理想认知工具,有利于创设"情境",促进学生"协作"、建立"会话"桥梁,达到"意义构建"的良好学习环境的建设的体现。学习资源是指提供与问题解决有关的各种信息资源(包括文本、图形、声音、视频和动画等)以及从互联网上获取各种有关资源。学生自主学习、意义建构是在大量信息的基础之上进行的,所以必须在学习情境中嵌入大量的信息。丰富的学习资源是建构主义学习的一个必不可少的条件。另外,还要注意怎样才能从大量信息中找寻有用信息避免信息污染,因此教学设计中要建立系统的信息资源库(或使用现有的资源管理系统),提供引导学生正确使用搜索引擎的方法。

(2)系统设计理论。教学系统设计理论强调整个教学是以系统的形式存在着有机体,是由诸多要素以一定的结构组成的具有相对功能的系统,整个教学系统是由不同层次的等级结构组成的开放系统,它处于永不停息的运动之中。教学系统设计把教育、教学本身作为整体系统来考察,并运用系统方法来设计、开发、运行和管理，即把教学系统作为一个整体来进行设计、实施和评价，使之成为具有最优功能的系统。

教学系统设计作为对学习者学习绩效或教学问题的解决方案进行计划筹谋的过程，对学习资源的设计与建设尤为关注。学习资源系统是教育系统中的一部分，它是由多个要素组成的。例如，设计的资源和可利用的资源；硬件资源、软件资源；人力资源和非人力资源；知识资源、智慧资源、工具资源、素材资源；本地资源（实库）和导航资源（虚库）、专题资源和综合资源；大型、中型、小型、微型资源等。而每一个要素又可以看作学习资源系统的子系统。

按照系统论的观点，学习资源作为一个系统必然要与比它更大的系统——整个社会的教育系统，甚至与社会这个大系统发生联系。而社会大系统中许多其他子系统都与教育有关，都具有提供学习资源的潜在可能性，因此在进行学习资源系统设计时，要将整个教学系统与能够提供学习资源的潜在可能性的社会系统联系起来。社会大系统给学习者的学习提供了更丰富的学习资源，这与教育技术的核心观念是一致的，即利用一切可以利用的资源，为促进学习服务。那么如何为学习服务呢？首先，要系统地了解、研究和规划可用于学习的社会资源和机会。其次，要把社会型学习资源与教育系统复合体联系起来，作统一的规划和安排。最后，在教学系统设计过程中为社会型学习资源的利用安排适当的机会，以充分发挥这些资源的作用。

（3）信息加工理论。信息加工理论是20世纪50年代中期在西方兴起的一种认知心理学思潮，以信息处理的过程来说明人的认知过程及其机制，解释人的复杂的行为。该理论着重于使用信息处理模型去阐明人类认知活动的复杂性和多维性。这一理论借助科学方法论的严谨，旨在深化我们对于人类高级思维活动——如选择性注意力的分配、信息编码与解码、数据储存及检索策略等的理解。信息加工理论进一步假设，学习行为可视为一种特殊形式的信息处理，其依赖于学习者如何将外界环境因素与已有的认知结构相融合，从而在神经层面完成信息的接收、处理与应用。这种相互作用产生的结果被理解为学习行为，因为它改变了学习者的操作水平或能力。

依据信息加工学习理论，人的所有知识的学习都是从感觉开始，经过知觉、记忆上升到思维层次，最终实现掌握。而远程教育学习者的自主学习过程就是一个知觉的过程。在这个过程当中，大脑对感觉到的信息进行组织和解释，从而获得感觉信息的意义。它被视为一系列连续的信息加工过程，并且依赖于学习者过去已有的知识和经验，也可以视为新旧知识整合的过程。

在网络教育中，通过媒体课件、计算机网络等多种教育手段的运用，将要传授的知识内容和经过精心选择、设计和技术处理的客观事物的特征展现在学生面前，进行形象化教学。这种思想正是我们进行网络教育学习资源的建设时需要强调和考虑的。

（4）情境认知理论。情境认知理论，也叫作共享认知理论。该理论认为知识必须在真实情境中呈现，只有发生在有意义的背景中的学习，才是有效的。学习活动是学习与所学知识整体的一部分，背景有利于意义的构建并能促进知识、技能和经验的联结。情境认知理论注意学习社会性的交互作用和协作，提出了"实践的共同体"的概念。实践共同体中的学习者，起初只是一个"新手"，处于共同体的边缘，在向共同体中心移动的过程中，他们会更多地接触共同体中的文化，并开始扮演专家或熟手的角色。这一概念的提出表明，学习不仅是情境性的，知识需要通过活动产生，而且学习还是共享某一情境的社会单元的构建过程，知识是合作的产物，人们通过不断的学习增强了参与特定情境共同活动的能力。

根据情境认知理论，在设计学习资源时，应考虑在学习资源中涉及大量的帮助和激励学习者进行观察、参与、探索、发现和发明等活动的方法；构建逐渐复杂的不断变化的问题解决情境的序列，有助于指导学生不断构建专家的实际操作中所必需的多项技能并发现技能应用的条件；使学生在"实际的共同体"中协作解决问题，通过社会交互作用和知识的社会建构不断进步，逐渐转变为"熟手"或"专家"。

（二）英语网络教育资源建设的原则

1. 科学性原则

科学性原则要求各种学习资源设计必须遵循教育规律，设计的内容准确，结构合理，前后统一。也就是说，学习资源的内容必须符合大学英语教学大纲的要求，设计者不能随意修改、删减；同时，学习资源的内容结构要合理，不能盲目拼凑，秩序混乱；另外，各种学习资源的内容描述要统一，不能前后相悖，否则会给学生的学习造成混淆或困惑。

2. 教学性原则

学习资源不是知识点的简单罗列，学习资源的应用不能偏离实际的教学环节。学习资源在提供知识、信息的同时，更应为教学提供触发的契机，为学生的学习提供可以攀缘的脚手架，引发学生的学习兴趣，调动学生的学习主动性与能动性，不应让他们感到太难或太简单，更不能让他们因觉得太枯燥而丧失学习的兴趣。

3. 可接受性原则

学生的个体差异决定了不同的人偏好不同的媒体资源，但大多数人对同一种资源的认知会在比较接近的程度内浮动。在设计学习资源时，必须充分考虑大多数人对某种资源的需求。例如，CAI课件交互性强，适用于学生自学，在设计辅导类学习资源时，可以选取CAI课件的形式；英语教学中的听说教学，利用录音媒体强化听说训练是很有效的，一直深受学生的喜欢。

4. 使用方便原则

选用网络课程资源的一般教师和学生并不要求成为网络技术行家，他们只要求易于操作，利用网络教学软件查找所需内容。因此，要选择最佳的课程学习导航技术来设计导航路线，并且在登录各种功能模块时采用相同的用户名和密码，为使用者提供方便。

5. 互补性原则

互补性原则是指学习资源的设计者在设计资源时，要充分考虑各种资源的特征，做到资源优势互补，与课堂教学互补。各种资源不能一味地追求大而全，尽量不要出现滥用资源的局面，避免造成资源浪费。由于平时训练时间较少，听力材料涉及的内容广泛，题材难度较大，学生缺乏相关的背景知识，英语听力对部分学生来说显得比较困难，学生容易失去兴趣，因此听力材料的建设也分为高、中、低几个档次，适合不同档次的学生的需要。

6. 交互性原则

以学生为中心开展教学活动是开放教育的一大特征。学生在进行自主学习时，不应机械、被动地使用教育机构提供的各种资源，而应灵活应用以促进知识的迁移。有效利用显性交互资源与技术，充分挖掘隐性交互资源与技术，是建设学习资源的主旨。交流是所有学生的共同愿望，因此，在资源设计时，还应尽可能地挖掘各种资源的交互潜能，以创设情境，调动情感，让学生掌握学习的进程，及时了解学习的效果。例如，对利用网络学习的学生，开设线上讨论区是很有必要的。

7. 时效性原则

随着科技的快速发展，知识的更新速度非常快，随时会有"老教材解不了新问题"的情况发生。面对这种情况，在进行资源设计时，要注意将更新速度快的知识点发布在容易修改的资源中，以便随时补充，及时更新，保证知识的时效性。

8. 经济性原则

网络教育的优势是让学生以尽可能低的费用获得优质高效的教学服务，这就决定了系统的建设必须遵循经济性原则。也就是说，系统建设成本要低、功能要强、性能价格比要高。

（三）英语网络教育资源建设的策略和方法

1. 依据课程标准

资源建设应紧密结合教学改革的最新精神，以课程改革理念为引导，重点建设开发一批围绕新课程标准的教学资源，如新教材的配套网络学习课程、利于学生发展的研究性学习资源、主题网站资源等，尽快满足课改的要求。

2. 遵循国家技术规范和标准

要按照国家相关技术和教育规范标准建设资源，使其具有强大的开放性、兼容性、可持续性，真正实现国内外优质资源共享。

3. 购买与自建并重

第一，积极引进、购进成熟的课程资源、电子图书馆、影视资源、互动学习资源等优秀教育资源，并进行加工改造，实现资源共享。

第二，自主开发，建立行之有效的管理机制，建立一支高素质的资源建设队伍，有针对性地征集、开发出适合教与学的网络资源。

4. 全员参与，共建共享

每一所学校都是教学资源的建设者和使用者，各高校做好资源建设基础性工作，在保证思想性、科学性、教育性、适用性和安全性的基础上，将现有教学资源按学习主题（模块）进行挖掘提炼和重新组合，实现经验、智慧的共享。各高校要树立全局观念，打破学校共享壁垒实现优质资源共享。加强教师间资源的开放与共享，在尊重教师劳动成果和版权的前提下，鼓励教师共享自己的案例、课件和教研成果。

5. 骨干带头，活动推动

高校应加强资源建设骨干队伍建设，提高教师的资源应用和研究能力，为教学资源建设与应用储备师资力量。

各高校可通过各种竞赛评选活动征集有自主知识版权的优质资源，如新课程优质录像课、教学设计、论文、学生电脑作品、主题教学案例等优秀成果，推广介绍，实现共享。

6. 科研拉动，任务驱动

高校要积极开展新课程资源建设与应用课题研究，借助科研力量、专家智慧、先进经验，结合教育前沿理论发展，带动资源建设走向，提高资源应用效率。

采取科研立项的方式，依托项目学校、责任教师的力量，既分工又合作，进行模块化、系列化建设工作，以任务为导向，将终结性评价变为过程性评价，跟踪管理资源的开发过程，最后进行评估、试用、推广。

第六章
高校英语教师的信息化教学能力
与可持续发展

第一节　高校英语教师的信息化教学能力研究

在目睹全球不断向信息化社会转型的重大时刻,各国政府皆展示出对社会信息化建设的深度重视与期待。这种追求加速了教育信息化的进程,意在培养能够顺应信息社会发展的高素质人才。显然,实现这一目标离不开教育信息化的支持,而教育信息化依赖于教师的积极参与和拥护。各国政府已经意识到,教师教育信息化是推动教育信息化改革和发展的核心要素。这也是为什么在教育信息化的演进中,各国都将教师的信息化教育放在了首位,认识到它是实现教育信息化目标的一个关键环节。

在这个过程中,信息化教学能力成为教师的一项基本和核心能力。这种能力以促进学生全方位发展为宗旨,通过高效利用信息资源来完成教学任务和活动。在教师专业发展的路径上,信息化教学能力呈现为一种综合技能,集成了多个子能力,并在信息化社会背景下形成教师的核心专业能力。

一、教师信息化教学能力概述

(一)信息化社会与教师专业发展

1. 教师专业发展对教师的要求

教师的专业发展已成为教育领域关注的焦点。教学能力的完善被视为教师专业发展的关键。教师专业发展要求教师始终保持学习的热情和动力,与时俱进,更新自身的知识体系和教学方法。要想培养学生的创新精神和实践能力,教师自己首先需要具备敢于创新的勇气和实践的经验。这样的角色转变,使教师从知识的传递者成为学生学习过程中的助手、向导和推动者。为了进一步完善教师的专业技能,教师不仅应具备扎实的教学能力,还应具备开发学习资源和进行教学研究的能力。尤其是在教学研究方面,教师应当在实际的教学实践中不断反思和研究,逐步提高自己分析问题和解决问题的能力,以此持续提升自身的教学水平,为自己的专业发展奠定坚实的基础。

2. 信息化社会对教师的挑战

随着社会信息技术的迅速演进,教育领域正面临前所未有的挑战与机遇。其中,教育信息化已然成为现代社会发展的关键支点,而对于教师这一群体而言,如何适应并推进教育信息化的发展,则成为不容忽视的议题。在这个历史性的转折时刻,教育理念、内容和方法都迎来了前所未有的革新与更新。教师的专业知识和技能结构也因此受到了深刻的冲击和考验。教师如何在面对这样的社会变革中,不断更新自身的知识结构,拓展技能边界,迎接教育信息化的大潮,无疑是当下的一个迫切议题。

在信息化浪潮中,教师的信息化发展自然成为教育界与社会各界的焦点。观察国际范围内,各国纷纷制定了有关教师教育技术应用的标准,致力于培养教师在信息技术应用上的专业素质。这不仅是为了应对当前的教育挑战,更是为了培养未来的教育工作者,使其具备在信息化背景下进行教育教学的能力。

(二)教师信息化教学能力的特点

教师的信息化教学能力并不是一个孤立的概念,而是由一系列相互关联的子能力构成。这一技能不仅在于掌握某一项技术或工具,更在于在信息化时代中如何将技术与教育教学相融合,创造更为高效、富有创新性的教学模式。基于实践经验与信息技术的融合,教师的信息化教学能力需要在特定的教育环境和情境中不断地形成、发展和完善。教师信息化教学能力有以下四个主要特点。

1. 复合性

在当今这个迅速发展的信息化社会中,教师的教育能力已经远远超越了传统教育模式下的简单知识传授和技能培养。这种能力已经演化成为一种多元化且复杂的专业素质,不仅包括信息科技的应用、教学方法的创新,以及与学生、同事甚至家长进行技术化互动等多个层面的专业素质。这反映了教育领域的深刻变革和教师角色的多样性。也就是说,教师还需要具备激发和引导学生在信息环境下自主学习的能力,以及在多层次、多维度上促进教学能力的全面发展。不同于传统社会中教师教学能力的有限复合性,信息技术的广泛应用和社会环境的多元化发展已经赋予了教师信息化教学能力更为丰富和复杂的特性。在这个信息爆炸和资源丰富的环境中,教师的传统权威地位和教学角色正在经历深刻的变革。这无疑对教师提出了更高的期望,要求他们综合应用各种教学资源和手段,有效实施个性化教学策略。因此,信息化社会下的教师信息化教学能力已经展现出一种显著的多维复杂性,这种复杂性不仅包括知识和技能的多元性,更涵盖了教学策略、方法论以及伦理等多个方面。

2. 关联性

在信息化社会中,教师的信息化教学能力已经不再由单一要素构成,而是由相互联系、相互促进、相互影响的多个子能力构成。首先,基础的教学能力,如教学内容的精通、教学方法和基本教学技巧等,构成了信息化教学能力发展的初级阶段。其次,随着教师信息化教学能力的不断深化,更专业化的信息技术应用、教育心理学、教学设计等因素逐渐融入，使得教师在信息化环境下的教学模式和方法逐渐多元化和专业化。这一过程不仅体现了信息化教学能力的融合性特征，更标志着教师信息化教学能力由低级到高级的递进性发展。最后，信息化教学能力的各个子能力并不是孤立存在的，它们在实际的教学应用中需要通过相互协作和平衡来实现最佳的教学效果。只有在这样一个不断变化和更新的教学环境中，教师的各种信息化教学子能力才能在动态平衡中找到最佳的组合和应用，进而实现教师信息化教学能力全面、系统的发展。

3. 进步性

在当今复杂多变的信息时代，教育技术整合的能力呈现出明显的进步性。为了应对多样的教育场景和学生多变的需求，教师必须保持自己的教育技术能力不断进步与完善。考虑到技术更迭的频繁性，与之相关的教育方法和策略也必须跟上这一步伐，以满足教育实践中新技术、新工具和新策略的变革需求。这种进步性不仅是为了满足技术的要求，还是为了满足课程与教学改革的需求，以适应新的教育环境。而教师的专业发展在这一过程中也应当被视为一个持续、终生的旅程。教师需要不断反思和进一步发展自己的教学策略和技术整合能力，以推动教育实践的创新，使英语教学内容和形式更具针对性。

4. 情境性

教师在整合技术进入教学时，不可避免地会面对各种不同的教育情境。这些情境为教师的技术整合能力提供了丰富而具有挑战性的实践场域。当我们深入探讨教师的技术整合能力时，就会发现它是一种深深植根于具体情境的能力。相同的教育内容和目标，在不同的技术情境下可能会需要不同的策略和方法。因此，教师需要根据不同的技术和学习环境调整自己的教学策略。技术整合并不是孤立地发生，而是与特定的教育情境紧密相关。教师在一个情境中所获得的经验和技能，有可能在其他情境中得到应用和延展。因此，教师需要不断地对自己的技术应用经验进行反思和拓展，以适应各种不同的教育情境。

二、教师信息化教学能力的构成

（一）教师信息化教学能力的知识体系

在现代化的教育背景下，教师的信息化教学能力知识结构呈现出鲜明的分层性质。为了进一步细化教师在这一领域的能力标准，可以将其划分为三大知识维度。

第一个维度：基础知识维度。作为教师信息化教学的根基，基础知识包括学科专业的理论、观念、策略等内容。这不仅是对教育领域的传统学科知识的掌握，更包含了对于教学法的普遍原则和方法的深入理解。

第二个维度：核心知识维度，着重于信息化与传统教学法的结合。在这一层面上，教师需要掌握如何将技术手段与学科知识完美融合，实现学科知识的信息化传输与展现。这还涉及如何根据不同学科的特性，灵活选择并利用教学技术。随着教学技术的引入，教育教学的形态也随之变革，新的教学策略和方法，如在线探索学习、协同教学和基于技术的场景教学等，成为这一维度的重要内容。

第三个维度：高级知识维度，代表着教师信息化教学的最高追求。它不仅要求教师能够将教学技术、学科知识和通用教学法三者融为一体，更要求教师在实际的教学实践中，灵活地运用这三大要素，设计出最适合学生的信息化教学场景。这意味着教师需要超越传统的教育思维，拥有更高水平的教学技术应用能力，从而推动教师自身和学生的信息化能力双向发展。

（二）教师信息化教学能力的结构

知识是能力的基础，知识需要转化为能力。能力是知识的目的，能力的体现既要综合运用知识，又要分析解决具体问题。教师的信息化教学能力，是信息化教学能力知识体系与信息化教学实践的有机统一。

1. 信息化教学迁移能力

在当代教育环境中，教师的信息化教学能力逐渐受到重视。这种能力并不是单一维度的，而是具有复杂性和多元性。其核心可以分为两个方向：一是信息化教学环境下的适应性转移，也就是横向迁移能力；二是知识和技术在信息化教学中的实际应用能力，即纵向迁移能力。这两者共同构成了教师在信息化教学中能力发展的基石，并为其持续发展提供了有力的支撑。

（1）信息化教学纵向迁移能力（转化迁移）。在信息化教学的纵向迁移能力方面，主要体现在教师能够把吸收的相关理论知识和技术手段转化为解决实际教学问题的能力。这不仅需要教师对信息技术和教育学原理有深刻的理解，更需要在具体的教学实践中，将这些理论和技术进行综合运用，以解决面对的具体信息化教学问题。换句话说，纵向迁移能力是教师将信息化教学理论和技术转化为实践能力的重要标志，也就是学以致用。

（2）信息化教学横向迁移能力（适应迁移）。在信息化教学的横向迁移能力方面，主要涉及教师如何在不同的信息化教学环境下，灵活运用已有的教学经验和策略。这需要教师在教学设计、媒体运用、评估方式等多个方面有足够的敏感性和创造性。简言之，横向迁移能力强调的是教师在多样化的信息化教学环境中，能够依据不同情境调整自己的教学方法和策略，实现"举一反三、触类旁通"的目标。

2. 信息化教学融合能力

在 21 世纪的信息时代，教师们面临的挑战与机遇共存。为了提高教育质量，教师需不断地提高自己的信息化教学融合能力。具体而言，这种能力可细分为以下三个方面的子能力。

（1）信息化学科知识能力。这是指教师能够将信息技术和传统学科知识进行有效融合的能力。在这种融合中，学科知识将呈现出新的形态。例如，原有的学科知识可以通过数字化的形式展现，内容也可能得到进一步的丰富和拓展。这种融合不仅是简单地加入技术元素，而是要求教师能够有意识地将学科知识进行信息化，使其更为生动、有趣和易于传授。

（2）信息化教学能力。教师应该能够将现代信息技术与传统的教学方法相结合，创造出一种全新的教学模式。这意味着教师不仅需要掌握如何使用信息技术工具，还需要理解和运用相关的教学原理、方法和策略，确保教学效果最大化。

（3）信息化学科教学能力。即信息技术与学科教学法的融合能力。这是指教师将信息技术、学科知识和学科教学法三者进行融合的能力。教师需要拥有深厚的教学技术知识和学科教学法知识，但更为关键的是，他们应具备将这些知识和技能融合的能力。只有在这三者融合的基础上，教师才能充分发挥各类知识和方法策略的优势，从而有效提高教学效率和效果，促进学生的全面发展。

3. 信息化教学交往能力

在现代教育环境下，教师与学生之间的互动交流变得尤为重要。信息化教学交往能力指的是教师能够在数字化教学环境中，与学生进行深入的思想和感情交流的能力。在信息化社会中，教学不仅是知识和技能的传授，更重要的是促进学生的学习能力和综合素质的发展。此外，这种交往能力还包括课堂信息化教学和虚拟信息化教学两个方面。在课堂中，教师需要利用各种信息技术工具与学生进行实时互动；而在虚拟教学环境中，教师要能够通过网络平台，与学生进行有效的沟通和交流，确保教学目标的实现。

（1）课堂信息化教学交往能力。虚拟信息化教学交往能力是指在课堂信息化教学环境中，教师与学生进行有效教学交流的能力。在现代课堂中，教师已由单纯的教授变为学生学习过程的设计者、学习资源的开发者、学习活动的组织者、引导者和管理者，而学生则成为积极主动的学习者。在课堂信息化教学环境中，教师需要实现与学生之间的信息交流和沟通，并能够与学生平等对话。教师同时需对学生的学习过程进行指导，使他们在这样一个信息化的环境中学会自主学习。此外，教师还需要进行课堂管理，合理协调信息化教学活动，确保其有序、顺利地进行。这意味着教师既需要进行课堂学习的调度，又需管理教学活动。教学协调能力是保障教师课堂信息化教学交往得以有效进行的基础。因此，教师的课堂信息化教学交往能力在很大程度上决定了教师的教学效能和学生的学习效果。

（2）虚拟信息化教学交往能力。虚拟信息化教学交往能力是指在虚拟的信息化教学环境中，教师与学生如何进行有效交流的能力。这项能力在一些意义上甚至更重要，因为在在线虚拟学习环境中，师生之间的有效交流是确保学生学习顺利进行的关键。在实际执行中，虚拟信息化教学交往能力主要包括：在内容上，教师为学生在虚拟学习环境中提供学习支持，监控他们的学习行为，对他们在学习过程中遇到的问题提供及时有效的帮助；在形式上，包括教师与学生之间的一对一交流，教师与学生群体之间的交流，以及支持学生之间的交流与合作。

4. 信息化教学评价能力

教师的信息化教学评价能力涉及对信息化教学以及学生的数字化学习进行合理、全面的评估，以调整和优化教学行为和策略。这种评价不仅是对教师本身的教学方式进行评估，而是更加关心学生的整体发展和成果，而且重视评价的过程性，体现了发展性、全面性、多元性和动态性。教师的信息化教学评价能力可以分为两类：学生信息化学习的评价能力和教师信息化教学的评价能力。

（1）学生信息化学习的评价能力。在数字化社会中，评价不再仅是针对学生的知识和技能。它需要更加细致地看待学生的独特性，鼓励和评价他们在数字环境下的创造性和综合素质。评价方法也从单一模式转变为支持学生全面发展的模式，着重于激励学生的信息技术应用能力和实践能力。

（2）教师信息化教学的评价能力。评价教师的信息化教学能力，重点是帮助教师不断进步并提高其教学质量。这种评价的目的是推动教师的专业发展，鼓励他们针对信息化教学进行持续的自我评估和修正，确保教学方法与时俱进。

5. 信息化协作教学能力

传统上，教师间的合作主要围绕备课、观摩和科研等活动。但在信息化社会，这种协作已经扩展到了更广泛的领域，包括利用数字资源与同行、专家进行交流和合作，发展集体教学智慧，并促进教师自身的职业成长。

在数字化环境中，教师之间的合作不再受限于物理空间和时间。教师可以随时随地分享资源、策略和经验，这种开放性的交流方式大大提高了教育的效率和质量。同时，与全球的教育工作者进行互动和学习，也使得教师能够紧跟国际教育的最新趋势，持续更新自己的教育理念和方法。此外，数字化时代的协作教学也有助于提高学生的学习质量。教师可以轻松地将全球的优质资源整合到教学中，提供给学生更广泛、更深入的学习体验。而教师之间的交流和合作也能够在一定程度上刺激学生的创新思维，培养学生的跨文化交流和协作能力。

6. 促进学生的信息化学习能力

随着全球化和信息技术的迅猛发展，教育领域也发生了深刻的变革。在这个背景下，教师的教学方法和策略也需做出调整以适应时代的发展。此外，如今的教育研究不再单纯强调教师的教育技术能力，而是将重点转向如何有效地促进学生的信息化学习能力。

过去的研究往往强调教师在信息化环境中的教学能力，但现今的教育理念已发生转变。教育的核心目的在于培养学生，帮助他们适应数字化时代，拥有强大的学习和应用信息技术的能力。因此，当我们研究教师的教育技术能力时，不仅要考虑其对教育过程的优化，更要看这些技能如何助力学生的全面和谐发展。

三、信息技术与英语教学整合过程中的大学英语教师

（一）信息技术与英语教学整合过程中的教师技能分析

1. 信息技术与英语课程整合过程中的教师角色定位

随着信息技术在教育中的普及，传统的教学模式正面临着巨大的挑战。在英语课程中，技术与内容的结合正在逐渐成为教育的新方向。这种"整合"实际上是对传统教学模式的一种革新，它不仅改变了过去"以教师为中心"的教学模式，而且为学生创造了一个更加主动、参与式的学习环境。在这个新模式下，教师的角色也发生了巨大的变化。他们不再是知识的单一传授者，而是成为学生学习的引导者、合作伙伴和支持者。教师需要掌握更多的技能和知识，包括如何有效地使用技术工具，如何设计和实施基

于技术的教学活动，以及如何评估和提高学生的信息技术应用能力。在信息技术与课程整合中，教师的角色不仅是传授知识，他们需要成为学习的推动者、合作者、资源提供者和课堂管理者。这要求教师具备更高的综合素质，能够灵活运用各种教学策略和技术工具，为学生提供更加丰富和多样的学习体验。

2. 整合过程中教师角色定位出现的问题

（1）教师作为引导者、促进者出现的问题。在新型教学模式下，学生是主体，教师的职责转变为引导和促进。然而一些教师尚未彻底掌握这种模式，因于传统的教师为主导的模式，他们误将这种以学生为主体的教学模式理解为学生应该独自完成学习活动，从而忽视了教师作为指导者、合作者的重要性，这导致教师在教学过程中的地位被严重削弱，教学管理缺乏力度。

在信息技术与课程整合的教学中，学生是知识的主动构建者，教师则是引导者和助手。某些教师在执行此类教学活动时，过于偏向强调教师与学生的分离，他们把所有的教学任务都交给学生自己完成，而忽略了教师与学生的互动和教师的领导、监督、引导的作用。

许多教师常常误把学生的自主学习与自学等同，以为自主学习就意味着学生的无序学习，这种理解错误地弱化了教师的作用，也限制了学生的学习效果。自主学习并不等同于无序，自主不等于随意或孤独，这是教师需要明白的重要观念。自主学习需要教师的引导和支持，他们要在这个过程中发挥更大的作用，这是许多教师尚未认识到的。

更重要的是，教师的角色是无法被电脑或其他技术工具取代的。虽然计算机辅助教学资源在英语教学中发挥着重要的作用，但是相比富有经验的教师，这类资源的作用是有限的。

课堂上的自主学习需要在教师的引导下进行，教师应承担监测和引导学生自主学习的责任。如果教师对学生的学习放任不管，那么学生的学习质量和热情可能会出现巨大的差异，从而导致学生之间学习效果的显著差异。

成功的教学不仅需要学生的主动参与，更需要教师的深入参与和有意识地引导。教师应合理运用教学策略，帮助学生克服学习中的困难，发挥他们在学习中的最大作用。尽管学生的学习活动在一定程度上取决于他们自己的意识和主动性，但教师的引导是无法被忽视的。事实上，教师在学生的学习过程中发挥着至关重要的作用，而这正是目前教育领域需要认识并加以强调的。因此，即使学生在学习中具有更多的自主性，教师的角色仍然不可或缺。

（2）教师作为意义建构协助者、学习资源提供者出现的问题。传统的教学模式中，教师担当着知识的传递者和教学的主导者的角色。但在课程与信息技术整合的教育场景中，教师的角色转变为学生学习的引导者，他们需要对学生的学习内容和教学媒体进行悉心的指导和管理。教师需要根据每个学生的独特性，设计适合他们的教学内容和媒体，并以特定的交际方式呈现和提供给学生，故此，教师转变为学生意义建构的辅助者和他们的学习资源提供者。

但是，教师面临着许多困难。在设计课堂教学任务时，有的教师对学生的实际水平估计过高或者估计过低，导致他们提供的学习内容难易度和任务负荷都与学生的实际水平存在差距，难以有效控制课程的质量。例如，一些教师没有给予遭遇困难的学生特别的指导，也没有注意到学习个体的多样性导致的学习差异，就连为学生设计的练习题和试题也缺乏恰当的难度梯度。

从"最近发展区理论"知道，最近发展区是指比儿童现有知识技能略高出一个层次、经他人协助后可达到的水平。依据这一理论，教师在设计学习任务时应充分考虑学生的实际水平和个别需求，学习目标设定得既不过于困难也不过于简单。如果任务过于困难，学生可能会产生畏难情绪而放弃学习；而如果任务过于简单，学生可能会觉得没有挑战性而缺乏学习的动力。因此，教师需要按照学生的实际情况，为他们选择合适难度的学习任务，让他们在完成稍高于自身水平的任务之后获得成就感，也更会增强他们的自信心和求知欲。

在作为学习资源提供者的角度，教师提供的教育资源应达到控制课堂信息量、控制课程难度，并能反映元认知策略、社交策略、情感策略、认知策略和记忆策略等的培养。然而，部分教师在实际操作中过于依赖教师展示型教学而忽视了提供研究性学习环境，更甚者，即使他们提供了课件或专题网页，也仅围绕课堂教学内容进行，没有提供足够的拓展性学习内容或开放性文本，没有考虑到学生的可持续学习需求。

教师作为意义建构的协助者和学习资源的提供者，其作用不应仅在课堂上，而是应该延伸到课堂之外，引导学生进行更多的自主学习活动。因为，当前的信息技术与英语课程整合还处在起步阶段，教师需要在实践中不断丰富和完善整个整合模式，以实现更加科学和有效的教学，最终推动英语教学良性发展。教师必须准确地定位自己的角色，并在实践中发挥作用，这是每一位教师必须思考和实践面对的问题。

（二）英语信息化教学中的教师信息素养

在 21 世纪信息化的背景下，大学英语教学的模式也在不断发展和完善。随着现代信息技术的飞速进步，利用技术手段进行的英语教学已逐渐成为主流。虽然众多学校投入大量资金用于教学硬件的升级和软件资源的优化，但这些只是英语教学信息化的基础。真正能将这些资源融入教学并发挥最大效率的是教师。因此，大学英语教师的信息素养至关重要，既是连接传统与现代教学手段的桥梁，也是信息化教学成功的关键。

1. 教师在英语信息化教学改革中的关键作用

现今，面对巨大的学习人群，传统的教学方式，如单一的课堂教学，已经无法满足日益增长的学习需求。目前，许多高校都已经初步构建了基于计算机和网络技术的教学硬软件设施，并取得了一定的效果。但是，任何改革都不可能一蹴而就。大学英语的网络教学在传统与现代化的交替过程中也出现了一些挑战和问题。从教师的角度来看，这些问题主要集中在两个方面：首先，受到英语四六级考试的压力，许多教师感觉缺乏时间和动力去深入研究新的教学模式，这导致他们对信息化教学的关注不足。其次，受限于繁重的教学任务，许多教师在多媒体和网络技术知识上的储备不足，难以有效地运用这些技术进行教学。因此，提高大学英语教师的信息素养、加强其在多媒体和网络教学方面的培训显得尤为重要。只有当教师能够熟练掌握和运用这些技术时，英语的信息化教学才能真正提高效率，推进教学模式的现代化。

在现代教育中，技术已成为不可或缺的工具性要素。但单纯的技术如果没有得到恰当应用，很难真正转化为教育中的实际生产力。这也意味着，只有技术与人结合，才能实现真正的教育改革。否则，这种改革就像是一棵没有根基的树或是一泓没有水源的池塘。所以，在教育的现代化进程中，"人件"建设的步伐必须与硬件的投资和软件的研发同步，其重要性绝不亚于后两者。可以这样比喻：当"道路"（硬件）已经修建完毕，当"车辆"（软件）已经配备就绪，此时，要将"货物"（教学资源）成功运送到"客户"（学生）手中，那么，真正的决定性因素便是这个过程中的"司机"

（教师）。他们的驾驶技巧、组织货物的能力，甚至他们的教育意识，将决定货物能否安全、准确地送达。

英语教学中，英语教师是信息通信技术与英语学科整合的关键者。他们需要依据教材的特性、结合学校的硬软件条件、分析学生的学习需求，以此为基础，有效地完成教学活动。而在"人件"建设中，尤其要强调网络英语教师的培训和队伍建设，因为大学英语教学改革毕竟是英语教师发起的，而非计算机教师。这要求英语教师不仅要掌握传统教育的艺术，更要熟练应用计算机网络技术，使教育资源得到充分利用。英语教师需要利用网络技术的优势，为学生提供一个资源丰富、灵活多变的学习环境，指导学生进行自主学习，并解决学习过程中可能出现的问题。显然，英语教师的这种主导作用要求他们不仅要更新教学理念，还要掌握必要的信息技术。英语教师要能够将这些新的教学理念和技术融入课程教学中，为学生提供更加贴合时代的教育。英语教师的信息素养及其对网络教学的驾驭能力已成为现代大学英语教学的核心，它关乎教育改革的成功与否，也关乎英语学科的长远发展。

"人"始终是教育中的核心，而技术只是为人服务的工具。只有真正重视"人"这一核心，才能确保技术在教育中得到最佳的应用，并推动教育不断前进。

2. 大学英语教师的信息素养

大学英语教师的信息素养包括信息意识、信息知识、信息能力、信息与课程整合能力、信息伦理（信息安全和信息道德）五个方面。

（1）信息意识。信息意识可以视作教师信息素养的心智基石。它包括教师对于信息活动的理解、对信息的态度以及对信息的需求。在这个高速发展的信息时代，教师对信息的敏感度显得至关重要。这不仅需要教师有锐利的洞察力和持续的关注度，更需要他们能够深刻理解信息在教育教学中的角色，并对信息有一种内在的渴望。当教师能敏感地捕捉到教育信息，他们更有可能积极地挖掘、整合和应用这些信息，从而丰富自身的教育资源和教学方法。这种强烈的信息意识不仅是提升教师自身的信息素养的基础，更是他们进行信息技术与课程融合的关键。

（2）信息知识。信息知识主要指与信息活动相关的理论和实践方法。在信息爆炸的今天，教师需要对信息本身的性质和构成、信息化社会及其对人类的深远影响有一个清晰而全面的认识。信息知识涉及信息的基础理论，如信息的定义、分类，信息的传递和扩散原理等。教师要熟悉现代信息技术的前沿发展，包括各种软硬件的特性、功能，以及信息技术如何塑造我们的未来。对于教师而言，这些信息知识并不是孤立的，而是需要不断学习、更新的，以适应教育的发展趋势。

（3）信息能力。作为信息素养的核心，信息能力体现了教师在信息化环境下的实践技能。首先，教师应掌握基础的计算机技能，如熟练使用Word、Excel等常用软件，处理学生考试成绩、编写试题等日常教务工作。其次，教师要能利用多媒体技术为教学服务。这意味着他们需要根据各学科的特点，选用合适的多媒体材料，制作有针对性的教学课件，从而提升教学效果。最后，在网络时代，教师的网络素养也显得尤为关键。他们需要了解计算机网络的基本原理，能够有效地搜索、筛选和利用网络资源，同时还要能与学生或同行通过电子邮件或其他方式进行有效沟通，能利用电子平台发布和分享自己的研究成果和教学心得。

（4）信息与课程整合能力。在当前的教育背景下，信息与课程整合能力已成为衡量教师信息素养的重要标志。这一能力要求教师能够精准地把握课程的特色和内涵，结合现代教学原则与方法，灵活选择和利用多种媒体资源，设计出切合实际的教学活动。这意味着教师不仅需要熟练掌握信息技术的应用，还需具备创新的智慧，将之巧妙地融入学科教学之中，以充分发挥信息技术的优越性，推动教育教学的深度与广度，最终显著提升教学效果。

（5）信息伦理。随着信息技术的广泛应用，信息伦理逐渐成为教师信息素养中不可或缺的一部分。信息伦理是关于信息和通信技术（ICT）以及信息处理过程中涉及的伦理和道德问题的研究领域。它关注了如何在数字时代中使用、传播和处理信息时遵循道德原则和价值观。信息伦理涵盖了多个领域，包括隐私、数据安全、知识产权、数字权利、言论自由、网络中立性以及信息的道德管理和使用。信息伦理不仅适用于个人的行为，还适用于组织和政府在信息和通信领域的政策和实践。随着科技的不断发展，信息伦理变得愈加重要，因为它有助于确保信息社会中的公平、道德和法律原则得到遵守。

在高校英语教学过程中，信息伦理主要涉及信息安全和信息道德两大领域。教师在获取、利用和传播信息的过程中，必须始终坚持伦理原则，确保不损害社会公益或侵犯他人的合法权益。这包括了对信息的合法使用、对个人隐私的尊重、对知识产权的保护等。同时，教师还要具备足够的信息安全意识，能够防范各种网络风险，如计算机病毒、网络诈骗等，确保信息安全。在信息技术与课程整合的过程中，教师还要深刻理解并实践信息道德的内涵，确保教学内容的科学性，并充分尊重他人的劳动成果和知识产权。

以上五个方面既各自独立，相互之间又存在着内在联系。信息技能的提升是信息意识增强的直接结果；反过来，更高的信息意识也会推动教师更深入地探索并提高自身的信息技能。此外，信息安全意识与信息技能的提升也是相互促进的。教师拥有了更高的信息技能，便能更好地识别和应对各种信息风险；而对信息安全的深入了解，则能进一步激励教师提升自己的信息技能。在这个信息化快速发展的时代，教师需要不断地深化和完善自己的信息素养，以更好地适应教育的新趋势和挑战。

3. 大学英语教师信息素养的培养

（1）顺应新环境，更新观念，增强教师信息意识。为了实现高校英语的信息化教学，教师首先需要更新教育理念，更加强调观念的创新而非仅依赖教学设备的更新。这意味着教师们需要深刻认识到提升信息素养的重要性、紧迫性和责任感，从而能够自觉和主动地进行学习和实践。

教师应该努力提升对现代信息技术的理解和掌握程度，学习如何创新地将其应用于语言教学中，从而提高教学效果和学生的学习体验。此外，教师还需发展出一个与时俱进、能够适应新环境的教育视角，使教育更加符合当前社会的需求和发展。

（2）积极进行师资培训，帮助教师提高信息能力。为推动网络英语教学的全面、多维和高效的发展，解决人才瓶颈问题尤为关键。当前，网络英语教学领域的专家主要可分为两类：技术专家与语言专家。但往往存在一个现象——那些精通技术的专家在语言领域表现平平，而语言学家则在技术上稍显欠缺。因此，理想中的英语信息化教学专家，不仅要具备较高的技术和语言水平，而且更应突出其语言专长。于是，问题的核心转变为如何提升英语教育人才的技术应用能力，而非只提升计算机人才的英语水平。

第一，要加强在职教师信息素养的继续教育。一是学校应制定并实施高效的师资培训方案，确保现有的大学英语教师能熟练掌握和应用信息技术，从而让他们在网络教学领域中扮演主导角色。二是考虑到教师日常的教学工作负担，教师不可能投入大量时间进行专业的信息技术培训，因此，学校应主张教师利用业余时间进行在岗学习。三是学校可以利用计算机中心资源，定期组织骨干教师进行短期的信息技术培训，包括寒暑假或周末的课程整合培训、教学研讨等活动。四是教师可以主动借助网络资源或专业阅读来提升自己的信息技术水平和应用能力。

第二，做好新教师现代信息技术教育的培训。随着学校规模的不断扩大，新教师的需求也在持续增加。因此，师范学院和英语学院应调整其课程体系，增加在英语教学中应用信息技术的相关课程，确保新教师入职后能迅速融入并推动整体教育团队的技术应用水平。

第三，建立相应的评价和管理模式。一是学校应建立完善的信息化教学评价系统和激励机制，进一步提高教师使用新技术的积极性。二是对于在教学中积极、高效利用信息技术的教师，学校可以给予经济或荣誉上的奖励。三是学校可以定期组织如信息化技术应用竞赛、优秀课件制作比赛等活动，进一步增强教师的信息技术应用意识和实际操作能力。

（3）加强英语信息化教学的理论实践探索、提高教师技术和课程整合能力。在当下日新月异的信息化时代背景下，英语教学正迎来前所未有的发展机遇和挑战。为了更好地适应这种变革，教师应深化对英语信息化教学的理论与实践探索，提升在技术应用和课程整合方面的能力，以迎合现代社会的教育需求。

教师应积极地深度挖掘和研究信息化背景下的英语教学设计和教学模式。这不仅包括教学管理的现代化，更包括教学评估体系的创新与完善。在这个过程中，教师不能简单地将技术视为解决所有问题的万能药。技术只是一个辅助工具，其效能的发挥依赖于教师能否依据现有的教育原则和理论来做出合理和科学的决策。

教师必须深刻认识到信息技术在语言教学中的双重性质：它既有明显的优势，如丰富的资源和便捷的手段，也有其固有的局限性。因此，教师不能"唯网至上"，而应注重技术与教育理念的有机结合，以创造更为高效和有针对性的教学环境。这要求教师设计出合理和具有吸引力的教学活动，有效地执行教学方案，将信息技术多元、灵活地融入教学活动中，从而激发学生的研究兴趣和创造力，培养学生的自主学习能力。

教师还需要利用信息技术进行数据收集、分析和管理，从而对教学过程和学习活动进行更为精准和合理的评价。做到这一点，不仅可以促进学生的学习效率，还可以为教师提供有针对性的教学反馈和改进建议。

我们注意到，当前很多学校在进行教师培训时，仍然过分强调计算机技术本身的学习，而忽视了技术与教学实践的结合。这种做法往往不会产生理想的教学效果。因此，我们强烈建议教育培训机构能够改变这一现状，将培训重点转移到信息技术在课程和教学中的实际应用上来。这样不仅可以提高教师在课堂教学中的技术应用能力，还可以避免由于技术应用不当而导致的教学失效。

第二节　大学英语教师信息化教学能力可持续发展策略和建议

一、可持续发展理论基础

在 21 世纪，教育领域不断寻求跨学科的交融和创新。教育生态学正是在这样的背景下应运而生，其核心理念是将生态学的基本框架与教育学相结合。这意味着，我们从生态学中借鉴的不仅仅是单一的概念或理论，而是一个完整的思考体系，用以探索教育的结构、动态与本质。生态学为我们揭示了生态系统中各组成部分之间的互动与依赖性。正如生态环境中的生物共同构建一个动态平衡的系统，教育体系中的学生、教师、课程、管理等因素也共同维持一个相对稳定的教学生态。其中的关键在于理解"系统"的概念，它强调整体性、互动性和动态平衡。

生态位作为生态学中的核心理念，也被有效地融入教育生态学中。在教育环境中，生态位可以被理解为每一个教育参与者（如学生、教师或教育机构）在整个系统中的位置和功能。每一个变化，无论多么微小，都可能导致整个系统的平衡受到挑战。因此，教育改革和创新的每一步都需要基于对整体生态的深入理解。

教育生态学还为教师教学能力的发展提供了一个有趣的视角，即将教师的能力发展视为一个子生态系统。在这个子系统中，教师是中心，他们的专业素质、知识、技能与外部环境相互作用，推动教师的成长与进步。这种视角帮助我们认识到，教师的成长不仅是个体的事情，而是与整个教育生态系统紧密相连的。此外，生态学提供了一个宏观的框架，帮助学者们分析和评估教育趋势，如英语教学信息化。在这个框架下，学者们可以研究这种新的教学方法如何影响学生、教师和教育机构，以及它与外部社会、经济和技术环境之间的互动。

二、大学英语教师信息化教学能力发展生态系统构建

（一）大学英语教师信息化发展生态系统的基本特征

外语教学信息化发展生态系统的建立是为了更好地实现现代化技术与

英语教学内容的融合,以此来促使英语教学内容和方法及学习方式发生变化,实现有效教学。但在实践中,外语教学信息化发展往往表现为盲目跟风,管理上也可能出现时滞,甚至可能出现偏离目标等情况。为解决这些难点问题,建立一个新的生态研究系统是必要的。这个系统具有以下基本特性。

1. 复杂性

(1)构成元素的多元性。从本质上讲,提升外语教学的信息化能力就是提升个人的能力,这是一个复杂的过程。直接影响这一过程的因素包括:教师的个人动力、教师的自我效能感、教师的态度和意识等;除此之外,社会和环境因素也起着相当大的影响,如学校硬件设施、软件设施等。生态理论的核心思想是将所有这些因素作为一个整体来看待,因此包含的要素繁多且复杂。统计回归分析结果揭示,对于大学英语教师的信息教育能力现状,共有九个生态因子变量最具预示性,包括三个微观变量(态度和意识因素、自我效能因素、动机因素)、三个中观变量(学校硬件的因素、学校人力的因素、职业发展因素)和三个宏观变量(时代的要求、制度因素及培训因素)。在大学英语教师信息化教学能力现状的不同维度中,预测性的生态因子变量表现出的分布是不同的。

(2)呈现形式的多样性。生态系统内不单是物种,还包括种群、群落。同样,外语教学能力发展的过程也涵盖了教师个体、教师团队、管理者以及学生群体。实际上,教学的成功实施不仅依赖于教师个人与教研部门之间的简单互动。因此,对外语教学进行全面研究必然需要从更宏观和微观的维度出发。

(3)内部关系的交联性。在生态学框架下,各种生物依赖于其特定的生存策略,并与环境共同互动和发展。在英语教学的信息化进程中,各个角色（如教师、学生、管理者）之间建立起的关系网络，可以与自然生态系统中的相互依存关系相提并论。大学英语教师在这教学网络中如同关键的生态节点。他们不仅与新兴的教育方法和工具互动，还与具有类似角色的其他教师产生交集。处于相似位置的教师之间可能既有竞争，也存在合作，特别是当面临共同的教育挑战时，他们会共同努力、互相协助，从而共同进步。

在复杂多元的大学英语教学生态环境中，大学英语教师扮演着核心角色，是维持这个生态系统稳定与和谐的关键物种。他们不仅需要在各种内外因素的影响下坚持自己的教学理念，还需要与具有相同生态位置的同行们进行有建设性的互动。这种互动不仅表现为相互竞争，更涉及共生与协同合作的方方面面，形成一种动态的平衡关系。每一位大学英语教师都具备自己独特的奋斗方向和目标，他们在追求卓越的道路上不懈努力，尽管存在竞争，但在面对共同的问题和挑战时，比如现代信息教育技术对教学模式的深度影响，他们会携手前行，共同探索最优解决方案。在这个过程中，他们通过相互学习和合作，实现了互利共赢的目标，不断促进整个英语教学生态系统的协同进步和发展。

2. 动态性

（1）系统自身的进化。根据生态理论，为了在不断变化的环境中存续和繁荣，每个群体都必须进行持续地适应和进化。英语教学信息化生态系统同样需要不断地变异、选择和保留，以保证其与教育改革的方向保持一致，从而得到更多的生存和发展的机会。

（2）系统内部的能量流动和转换。就像自然界的食物链一样，大学英语教师信息化教学能力发展系统内也存在一种能量传递网络，它构建了一个从教师到管理者再到教学组织的多层次交互网络，形成了一条独特的

"能量链"。

（3）教师信息化发展的内涵要求。教师的发展不仅追求技能的提升，更是一个自我完善和升华的过程，它涉及教师个体的成长与自我实现。

3. 稳定性

（1）组织结构的"惯性"元素。多数国内高校依照课程类型来构建各个研究与教学部门，这一结构设计导致人力和资源在各部门间的流动性相对受限，从而阻碍了教育系统整体性和协同性的提升。

（2）历史发展产生的制约。中国拥有悠久的教育历史，这为中国教育体系奠定了一系列深入人心的理念基础。改变传统的教学模式和评价体制是一项复杂的任务，需要充分考虑到社会的各个方面。这可能包括改革课程设置，引入更加综合和实践性的教育内容，培养学生的创造力、批判性思维和解决问题的能力。同时，评价体系的改革也是一个重要方向，将重点从传统的应试评价转向更加全面、多元化和能力导向的评价方式。

（3）正确决策的局限。教育系统的复杂性源于不同地区文化和社会背景之间的差异。这些差异导致了教育需求和期望的多样性，因此，一套全面适用的通用政策很难考虑到所有群体的需要。在这种情况下，选择局部调整与适应可以成为一种高效和务实的策略。

（二）大学英语教师信息化教学能力发展生态系统的运行机制

高等教育中的信息化教学能力发展生态系统具有独特的运作逻辑，与外部环境在信息和能量层面持续进行交互。这一系统包括多个运作机制，如竞争与合作机制、学习与交流机制等。

1. 竞争与合作机制

在知识经济背景下，教师成为知识集群中重要的参与者。他们的独立性和发展动力在竞争环境中体现得尤为明显。适度的竞争能够有效地整合和配置教育资源，促进教育质量和效率的提升。然而，无节制地竞争或完全排斥竞争都是不可取的。因此，建立教师之间、教师与管理层以及教师与学生的多元合作机制，以平衡竞争与合作的关系尤为重要。

2.学习与交流机制

在教育系统内，有效的信息交流对个体和整体的发展具有关键作用。通过开放和多样的交流平台，教师不仅能够共建教学理念和价值观，还能互相借鉴和分享教学经验和方法，进一步强化群体凝聚力和创新性。此外，师生交流也应从传统的单向传授模式转变为互动和反馈的双向流程，这不仅能够丰富教学内容，还能为教师和学生提供更多元化的个人发展空间。

3.实践与创新机制

年轻的英语教师在刚刚踏入这一行业时，由于经验不足，可能会在教学过程中遇到一些困惑和挑战。因此，教研室有责任及时伸出援手，为他们提供必要的辅导和支持。此外，通过模仿资深教师的教学策略和经验，他们可以更好地将理论知识与实际操作相结合，从而更全面地理解和掌握教学过程。在一个期望值不断提高的社会环境中，创新成为提升教学能力和影响的关键因素。因此，全方位的理论和实践创新不仅可以强化教师的综合教学实力，而且可以为整个教育生态系统带来更为深远和积极的影响。

三、大学英语教师信息化教学能力可持续发展建议

（一）国家、高校共同努力

在当前的教育背景下，高校、教育主管部门需共同努力推动大学英语教师信息化教学能力的持续发展。教育生态系统的核心特征和主导属性是其整体性，包含和谐性、有序性和动态性三个方面。

在一个互相联系和影响的教育生态系统中，任何组成部分的变化都会

对整体产生影响。这样的整体效应可以是积极的，也可以是消极的，因此在推动教师专业发展时，我们必须全面考虑各个环节和组成部分，避免孤立地解决问题。为了实现整体的进步和发展，我们应该从全局的角度出发，认真分析和处理每一个环节和因素，从而为教育生态系统的持续和健康发展打下坚实的基础。

大学英语教师不仅是教育生态系统的一部分，也是社会生态系统的组成成员。他们的教学能力和效果受到多方面因素的影响，包括自然环境、社会环境和规范环境。因此，他们能否有效地利用现代信息技术进行教学，不仅受到个人能力的限制，还与周边环境和社会氛围息息相关。为了实现更好的教育效果，我们必须全面考虑和解决这些外部因素的影响，以促进大学英语教师的全面和持续发展。

1. 国家层面

在现代社会，教育信息化已经成为不可逆转的趋势，它影响着每一位教师和学者。为了适应这一趋势，国家层面出台了一系列相关政策，旨在为教师的专业发展提供坚实的制度支撑。对于英语教师来说，这不仅是一个技术挑战，更是一个持续学习、适应并提高的过程。为此，我们必须确保在高校中构建一个积极、健康的发展生态，激励教师实现终身学习的愿景。

在教育信息化的大背景下，如何充分发挥技术优势，为教师提供最新的教学方法和技术更新，成了一个迫切的课题。因此，跨部门、跨学科的合作至关重要。我们需要建立一个全方位、多级别的网络师培平台，为教师提供灵活、多样的学习资源和交流机会，使他们能够与同行和专家深入交流，共同探讨教育改革的方向与策略。

对于网络生态环境，我们需要有更为深入、全面地理解。它不仅是一系列技术工具或平台，更是一个涵盖多个层面、多个参与者的复杂系统。在微观层面，教研组和学术小组可以为教师提供实地的支持与交流机会；中观层面，各学院、系及相关部门需构建一套公平、合理的评价体系和管理机制；外部系统，如教育主管部门，需要出台明确、实用的教学大纲和教师入职标准；而在宏观层面，我们还需考虑到更为广泛的外部环境，如国际交流、文化交融等，以确保教育的国际化与本土化相得益彰。

2. 学校层面

在学校教育系统中，教师扮演着不可或缺的角色。对于教师的专业素质发展，学校管理层与各相关部门应持续予以重视。按照国家的教育发展指导方针，我们需要为教师开辟更为广阔的成长之路，进一步完善教师的培训与发展机制，确保其专业素质得到持续且高效的增强，具体措施如下：一是学校管理层应强调信息技术的应用与推广，增强信息化教育的宣传，确保教师深刻理解并融入其中；二是对于相关的培训与教育规划，应制定明确的策略与规章制度，保证培训的规范化、结构化与系统性。

（二）建立多元化的发展模式

1. 构建教师信息化教学共同体

在现代化的教育体系中，多元化的教育模式尤为重要。教师之间不仅应该是同事关系，更应该形成一个紧密的信息化教学共同体。这样的共同体涵盖了学习者和指导者，他们在教育旅程中分享资源，共同完成学术任务，通过交流与合作互相促进成长。这不仅有助于教师之间资源的共享，更能促进教师自我反思与进步。在这种模式下，教师之间的合作不再受限于学科或学校的界限，而是跨越各种边界，实现真正多样化的合作与交流。教育共同体并不仅指同一学科或学校的教师群体。事实上，不同学科甚至不同学校的教师也可以联手，形成更加开放、多元的学术共同体。每位教师都拥有独特的教学方法和经验，当他们走出自己的舒适区，与其他教师进行开放式的交流与合作时，无疑会实现更大的成果与进步。通过互联网和各种新兴的社交工具，如论坛、博客、社交空间等，教师可以更方便地与其他同行进行交流与合作，实现教育理念和技术的共享。

随着科技的发展，学校作为教育的核心场所也需要紧跟趋势。学校应积极引导教师掌握并应用信息化教学技能，为教师提供必要的培训与支持。同时，学校还需在设施上进行创新，如增设数字化多媒体教室，提高网络设备的普及率和网速，以确保教师和学生都能够在一个高效、舒适的环境中进行教学与学习。

2.混合式信息化实践体系

（1）以自主学习为主的知识积累。教师的自主学习是不可或缺的部分，自主学习可以被看作促进信息化教学能力发展的基础条件。在这个过程中，教师通过自身的努力来积累宝贵的理论知识和技术技能。这种主动性在教育信息化的进程中得到了极大的强调，把自主学习视作一种价值观、一种习惯，甚至一项关键能力。在这种学习方式的推动下，教师能够整合知识体系，使其专业发展走向动态化和终身化，从而实现其职业生涯的可持续发展。因此，如果希望教育信息化实现长期持续地进步，教师进行自主学习就十分重要了。

（2）以教学实践为主的应用迁移。在教育领域，可将教师在应用信息技术的进阶路径划分为五大步骤：初始关注、系统学习、深入理解与广泛应用、达到熟练与自信的境地，以及向其他领域的拓展和创新性应用。一方面，教师如何将所掌握的先进技术和知识融入教育实践中，无疑是检验其教育信息化与教学水平的关键标准。在此信息化背景下，将这种转化应用于各种新的教育环境是至关重要的。但我们必须明白，信息化教育实践不仅是传统教学方法的升级，更是知识与实践相结合的智慧展现。另一方面，这种教育实践，准确来说是将理论知识转化为教育行动，它可以被视为实践中的理论体现。在这样的教育实践中，教师不断反思其信息化教育技巧，不断完善，从而推动教育理论的进一步发展。

因此，教师应以此教学实践为核心，确保信息化教学理论与实际应用达到和谐统一。在不断的实践和反思中，教师可以淬炼出属于自己的信息化教学方法。

（3）以协作教学为主的对话交流。在教育领域，协作化教学能力主要涉及教师如何借助观摩、研讨、交流以及共同教研等多种方式来提升自己的综合信息化教学实力。在任何领域，共享经验和开展坦诚的沟通都是实现快速成长的核心因素。在教育共同体中，丰富的资源和经验为教师的职业发展提供了宝贵的助力。通过信息化的协作化教学，教师之间的相互交流得到了极大的促进，这不仅有助于教学资源和经验的分享，也进一步加速了信息化教学能力的形成与完善。特别在当下这个信息化社会，我们更应重视教师通过协同教学进行沟通与交流的策略，这样的策略更符合当代教育的发展趋势。

协作教育的精髓在于教师能够通过各种活动，如教学观摩、教学研讨和协作研究，来提升自己的整体教学能力。每一个行业的快速发展都离不开其参与者之间的经验分享和深入的对话交流。在教师的专业共同体中，丰富的资源为其成长提供了巨大的助力。通过协作的方式，教师之间能够进行更加深入的交流，共享教学资源和教学心得，进一步推动信息化教学能力的全面提升。在这个信息高度发达的时代，我们更应鼓励教师通过协作教育方式来进行深度的对话和交流，这种发展策略不仅更具前瞻性，也更贴合当下的教育发展趋势。

(三)教师信息化教学能力生态位扩充

"生态位"这一生态学中的高级概念在教育研究领域也可找到一定的对应与应用。它具有深远的理论意义和实际应用价值，尤其在探讨教师在特定教育环境中的定位与角色时。生态位不仅是描述一个生物个体在生态系统中的相对位置，还涵盖了该个体与其环境之间的复杂相互作用。与此类似，教师在教育环境中也具备一种"教育生态位"，这一生态位关系到教师与环境、教师与其他参与者（如学生、家长、同事等）之间的多维交互。每一位教师都拥有自己独特的"生态位"，因为他们分别来自不同的背景，工作在不同的环境，接触不同的群体。

在生态学框架下，生物群落的互动以及能量与物质的循环与流动显露出生态系统的基本机制。教师在其成长轨迹中，从外部环境吸收并利用对其有益的资源，进而优化教育活动的质量。这不仅是教师与环境的简单互动，更是一种深层次的共生关系，使教师能更高效地行使其教育功能，并确保在这一生态场所中的稳固位置。在此背景下，教师的生态位可被视为其成长过程中积累的信息、经验和能量的总和，为其未来的发展提供了坚实的基础。此外，教师成长本质上是信息和能量之间的持续转化和互动，教师生态位的扩展，则反映了其发展的潜在路径和方向。

教师发展并不是一个孤立的过程，而是在不同的环境因子中寻找和筛选有助于其成长资源的过程。并非所有的外部因素都对教师的成长有实际意义，只有那些能为教师带来真正益处的资源，才具有积极的推动力。从一个更宏观的角度看，教师的成长是一个双向的过程：一方面，教师主动寻求并吸收外部的有益资源，这是一个由内向外的延展；另一方面，环境也会对教师施加影响，形成一种由外向内的逐渐深化的反馈机制。

生态位不仅是简单描述生物与其环境之间的联系，更是一种生命体在特定时间和空间内的功能定位和角色扮演。对于教师而言,其生态位不只是在学校系统中的物理位置,更能深刻反映其在这一系统中的功能、需求以及综合状态。随着时间的推移,教师在此生态位的变化和扩展,实质上是其个体或群体在知识、技能和经验方面的积累与增长。从生态位的观点出发,教育培训和持续学习成为教师生态位扩展的关键因素。为了促进教师生态位的进一步扩展,具体和系统的方法和策略如下。

1. 提高教师信息技术的自我效能感

(1) 丰富教师的计算机知识和经验。多项研究指出,教师在掌握更多的计算机知识和积累更多的计算机使用经验后,对计算机的使用焦虑将会有所减轻,从而提升其数字技术的自我效能感。为了实现这一目标,我们应当给教师提供更多使用计算机的机会,并提供有针对性的指导来丰富他们的使用经验,使他们在日常教学中更加自信和熟练,从而促使他们建立更高的自我效能感。

(2) 增强教师对计算机软件的控制感。为了降低教师对计算机使用的焦虑度,我们需要让教师建立起对计算机软件的掌控感。在这方面,英语教学软件的开发者可以考虑设计出一套用户导航系统来帮助教师更清晰、更直观地理解软件的操作方法。此外,开发一套全面的辅助系统也能够使教师在使用过程中增强自身的掌控感。

(3) 引导教师进行积极的绩效归因。我们应该引导教师去认识到,优秀的工作成绩是他们个人努力的结果而非运气,这样可以有效地提升他们的自我效能感。因此,面对技术上的困难时,教师应该坚定信心,相信他们有能力实现预设的目标,以此来逐步提高自我效能感。

(4) 提供难度适度的学习任务。一个任务的难度应该适中,以避免过于复杂导致个体的自我效能感降低。在自我效能感的四大来源中,"掌握的经验"对提高自我效能感影响最为显著，它主要来源于用户的直接经验。

教师在发展过程中，设计的任务要难度适中，同时要坚信自己一定能够掌握发展规则，提高自我效能。而且应该考虑将知识讲解与实践经历相结合，让教师能有更深刻的一手实践经验，并及时补充自己，最终提高其计算机使用自我效能感。

2.教师进行自主发展

生物体在生态环境中的存续与演化，往往体现为其与环境间的主动互动以及不断地生态适应。类似地，教师要想持续地在教育生态中扩展和进化，须依靠自主学习为工具来寻求更丰富的资源和成长空间。教师的自我进阶与集体培训间存在着显著的区别，前者更为注重个体的主动性。对于外语教育工作者，自我驱动的发展意识与实践能力构成其专业成长的核心动力，而持续地教学反思则是其成长的关键手段。教师的自主性主要分为内在和外在两个方面。

内在自主是指教师具有自我开发和自主规划的潜能，主要体现在以下三个方面：一是教师需要坚守终身学习的理念，不断充实和更新自身的学科知识，随时对照教育变革的潮流调整自己的认知框架。二是这种自主性应在课堂实践中得到显著体现。教师不仅应尝试多元化的教学策略，以适应学生的多样化需求，还要时刻调整自己的教学方法，从而更好地激发学生的学习热情。三是教师应定期回顾和评估自己的教学实践，通过持续的反思和修正，努力优化自己的教学策略和方法。

外在自主则是指教师的自主进阶，意味着他们在教育实践环境中的自我管理和自主决策能力。主要体现在以下两个方面：一方面，学校应为教师提供更广阔的自主权，支持他们在教学中进行创新和实验，从而塑造与众不同、具有个性化色彩的教学方法；另一方面，应该建立一个全面而公正的教师评估体系，将教师的教学过程与教学成果结合起来进行评价，促使评估体系更为开放、具有创新性。现代外语教育工作者，为适应教育领域的持续变革，必须强化自我驱动的学习意识和实践能力，从而更有信心地应对各种挑战，为教育事业做出更大的贡献。从本质上讲，外语教育工作者的专业进阶是其自发、自觉的行为，是在巩固已有知识基础上，不断挖掘和提高教育教学能力的过程。

教师的自主学习主要表现为以下三个方面：一是对于各类学习资源的灵敏识别和捕捉能力。教师不仅要深刻洞察自身的学习需求，更应积极开展对潜在学习资源的探寻和获取，以充实个人的知识储备和经验库。二是对学习方式的审慎选择和个性化设计。教师应根据自身的特点和经验积累灵活选择最适合的学习方式。例如，资深教师可能从学术讲座中获得深刻洞见，而初入职场的教师则可以通过与学术权威或资深教师的交流来加速经验积累。三是教师应具备对学习内容的敏锐警觉性，以避免仅成为公共知识的被动接受者，要能够根据自身需要积极筛选和消化有价值的知识和信息。四是周期性的反思是促使教师不断进步的关键。教师应该定期评估自己的学习进程，辨识存在的问题并在未来的教学活动中强化自我监督和调整。

3. 注重教师发展的适切性

在教育发展领域，适切性是一个具有双面性质的要素。从消极方面分析，适切性强调了教师需要找到能够引人入胜的学习资源，以满足自身发展的需求。教师应根据自身的需求和环境条件来选择最合适的学习内容。而从积极方面看，适切性揭示了教师在教育过程中的能动性，表明教师可以主动适应和利用周围环境的有益因素来促进自身的专业成长。适切性可以从以下三个方面来具体阐述。

第一，从时间维度来探讨，适切性意味着我们必须关注教师在不同发展阶段的具体学习目标和内容。随着教师的成长和经验积累，其学习需求和目标将不断演变，这要求教育培训体系能够灵活调整，提供与教师当前发展阶段相匹配的高质量学习资源和指导。

第二，从学习风格的角度分析，适切性意味着要充分尊重教师的个体差异。每位教师都有独特的学习风格和方法，这就要求我们在设计培训和学习项目时，能够提供多元化的学习路径和资源，以满足不同教师的个性化需求，实现理论知识和实践经验的有机结合。

第三，环境的适切性也是一个重要方面。一个灵活和多元化的学习环境能够激发教师的学习热情和创新精神。通过创设一个既能满足教师个体需求，又能激发其内在动力的学习环境，可以有效地推动教师的专业发展和个人成长。